ANNA ROSENBERG

KÖRPERSPRACHE

verstehen und bewusst einsetzen

ANNA ROSENBERG

KÖRPERSPRACHE

verstehen und bewusst einsetzen

So lernen Sie die Kunst,
mit Menschen umzugehen

Weltbild

Inhalt

Körpersprache – die ursprünglichste Form der Kommunikation 8

1 Die Grundlagen der Körpersprache 12

Das Nervensystem 13
Situative und persönlichkeitsbedingte Körpersprache 14

2 Wie wir mit unserem Körper sprechen 18

Was die allgemeine Körperhaltung ausdrückt 19
Die Bedeutung der richtigen Atmung 21

Was wir beim Stehen signalisieren 22
Die Bedeutung des Standbeines 24

Was die Art des Gehens aussagt 26
Was das Tempo beim Gehen ausmacht 26
Was die Länge der Schritte bedeutet 27
Die Bedeutung der Dynamik beim Gehen 28
Die Mitbewegung des Körpers 29

Was die Sitzhaltung veranschaulicht 30
Die Haltung des Oberkörpers 31
Die Beinhaltung beim Sitzen 31
Gesundes Sitzen ist die beste Haltung 32

Was die Gestik offenbart 35
Die Bewegung von Schultern und Armen 35
Die Sprache der Hände 37
Was die Hände sagen wollen 39
Auf die Finger kommt es an 40

Mit dem entsprechenden Gesichtsausdruck zeigt man anderen Menschen seine momentane Befindlichkeit.

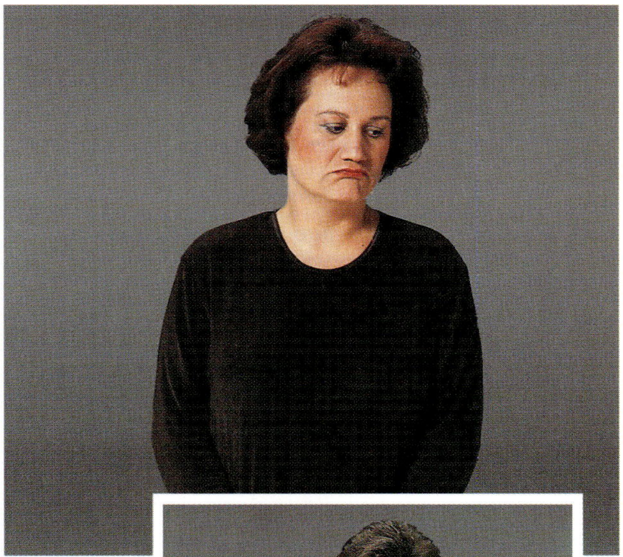

Das Gesicht und seine Mimik 42

Die Grundtypen der Gesichter 43
Was die Kopfhaltung ausdrückt 43
Welche Gesichtspartien man unterscheiden kann 45
Was die Falten auf der Stirn bedeuten 46
Was die Augenbrauen signalisieren 46
Was Nase, Mund und Lippen sagen 47
Was die Augen erzählen 49
Die Wirkungsweise der Mimik 53

Der übrige Körper 54

Die Haut – Grenze und Schutz unseres Körpers 54
Der Nacken 57
Der Brustkorb 57
Der Bauch 57

3 Warum wir mit unserem Körper sprechen 58

Anerzogene Körpersprache 58
Angeborene Körpersprache 59

Angeborenes und erlerntes Verhalten 60

Die bedingten Reflexe 61
Bewusst gelenkte Körpersprache 61
Wie unsere Wahrnehmung funktioniert 63

Territorialverhalten – den Raum des anderen respektieren 66
Wenn Grenzen überschritten werden 66
Wie Hierarchien sichtbar werden 68
Kommunikation unter Gleichgestellten 69

Aggression und Imponiergehabe – besser und stärker sein 70
Bereit für den Angriff 71
Das Abwehrverhalten 73
Aggression bei Mann und Frau 74
Die Autorität zur Schau stellen 76

Werbeverhalten – begehrenswert sein 78
Die unterschiedlichen Signale der Geschlechter 78
Die Präsentation der eigenen Vorzüge 82
Sondierung und Annäherung 84
Synchronisation der Körperrhythmen 86
Dem anderen Raum schenken 87
Fehlinterpretationen vermeiden 89

4 Wie wir uns körpersprachlich ausdrücken 90

Die Körpersprache der Kinder 92
Gespräche im Mutterleib 93
Die postnatale Phase 93
Reflexe – erste körpersprachliche Signale 94
Die körpersprachlichen Entwicklungsstufen der Kinder 96
Das Raum- und Zeitverhalten 98
Das Eltern-Kind-Verhältnis 99
Die Umwelt entdecken 100
Was Kinderaugen ausdrücken 102
Das Verhalten der Eltern 102

Für die Entwicklung eines Kindes ist es besonders wichtig, dass die Eltern seine körpersprachlichen Signale beachten.

Körpersprache bei heranwachsenden Kindern 104
Konfrontation und Aggression bei Kindern 106
Richtiger Umgang mit Kindern 108

Der körpersprachliche Ausdruck in der Gesellschaft 110
Wie wir uns korrekt verhalten 110
Wie Statusunterschiede sichtbar werden 112
Wenn die Masken fallen 112
Falsche Freundlichkeit 114
Wie wir Kontakt aufnehmen 115
Die Körpersprache bei der Begrüßung 116
Gespräche mit Fremden 117
Wie Sie interessanter erzählen 119
Die Kunst der Unterhaltung 120
Wie sich der gesellschaftliche Status ausdrückt 121
Körpersprache in anderen Ländern 122

Der körpersprachliche Ausdruck im Beruf 125
Führungsstil und Körpersprache 126
Die Wahl der richtigen Kleidung 128
Wie Mitarbeiter geführt werden 131
Was eine Führungskraft vermeiden sollte 133
Wie man sich selbst motiviert 134
Verhandlungen erfolgreich führen 135
Präsentationen wirkungsvoller gestalten 138
In der freien Rede überzeugen 139
Sitzordnungen sinnvoll anordnen 140
Erfolgreiches Auftreten beim Vorstellungsgespräch 140

Gewollte Distanz ist körpersprachlich leicht zu erkennen.

5 Richtig mit dem Körper sprechen 142

Atem- und Entspannungsübungen 143
Atemübungen 143
Yogaübungen 146
Autogenes Training 156

Literaturhinweise 158
Über dieses Buch 158
Register 159

Körpersprache – die ursprünglichste Form der Kommunikation

Noch heute bedienen wir uns der Körpersprache, die wir erlernten, bevor wir Worte artikulieren konnten.

Wie oft standen Sie schon nach einem unglücklich verlaufenen Gespräch mit einem Kollegen, Ihrer Nachbarin oder einer Bankangestellten ratlos da und haben sich kopfschüttelnd gefragt, warum der Dialog zwischen Ihnen und Ihrem Gesprächspartner so unbefriedigend verlaufen ist. Sie hatten doch etwas anderes bezweckt, oder haben Sie den Gesprächspartner und seine Absichten etwa missverstanden? Aber nein, Sie gehen das Gespräch noch einmal Satz für Satz durch und stellen fest, Sie haben alle Höflichkeitsregeln gewahrt und sind niemandem verbal auf den Schlips getreten. Warum kam es denn dann zu diesen Missverständnissen? Ganz einfach: Sie haben zwar genau zugehört, aber nicht genau hingesehen. Und damit sind Ihnen eine Menge wichtiger Botschaften, die an Ihre Adresse gerichtet waren, entgangen.

Ererbtes und erlerntes Verhalten

Jeder von uns beherrscht neben der Sprache, die wir in unseren ersten Lebensjahren durch Imitation von unseren Eltern lernen, noch eine andere. Mit dieser kommen wir zur Welt, denn sie gehört gewissermaßen zu unserem Erbgut. Im Lauf seiner stammesgeschichtlichen Anpassung entwickelte der Mensch über die Jahrtausende eine Sprache, mit der er in der Lage ist, sich klar und unmissverständlich auszudrücken. Sie ermöglichte das Überleben der menschlichen Rasse und gehört daher genauso zu uns wie alle biologischen Vorgänge in unserem Körper.

Diese Gebärdensprache spiegelt sich in der Körperhaltung, im Stehen, im Gang, in der Gestik und Mimik unseres Gesichts wider. Wir haben sie im Zuge unserer Zivilisation verfeinert und neue Gesten und Ausdrücke hinzuentwickelt. Diese Symbole gesellschaftlicher Konventionen regeln das bisweilen höchst komplizierte Miteinander der Menschen.

Ehrlicher als Worte

Die Kommunikation mit anderen Menschen besteht zu 90 Prozent aus der Sprache des Körpers.

Worte ergänzen das Gespräch, können allerdings auch ablenken und in die Irre leiten, wenn man sich zu sehr auf sie konzentriert. Körpersprache ist grundsätzlich weit unmittelbarer als die Sprache der Worte und Gedanken. Sie umfasst alle bewussten oder unbewussten Bewegungen eines Körperteils oder des ganzen Körpers, die von uns eingesetzt werden, um der Außenwelt unsere innersten Gefühle und Absichten zu vermitteln. So zeigt sie deutlich, ob wir uns in einer gewissen Situation wohl fühlen oder nicht. Ebenso hilft sie uns, die Verhältnisse zu unseren Mitmenschen zu klären, auch wenn uns dies nur in den seltensten Fällen bewusst ist. Unser Verhältnis zu unserem Gegenüber ist geprägt von dem Raum, den wir während der Kommunikation einnehmen. Es bestimmt zudem die Machtverhältnisse, die untereinander herrschen, und unser Verhalten anderen Menschen gegenüber.

»Der redet ja mit Händen und Füßen!« – die ererbte und erlernte Gebärdensprache hat sich über Jahrtausende hinweg entwickelt und verfeinert.

Erkennen Sie sich selbst

Dieses Buch kann Ihnen dabei helfen, Ihre eigene Körpersprache genau zu studieren und neue Einsichten in Ihre Gefühlswelt zu gewinnen. Zwar ist die Erforschung nonverbalen Verhaltens noch relativ jung und steckt daher voller Unsicherheiten, doch lassen sich bei genauer Beobachtung Fehlurteile meist vermeiden. Mit der Zeit werden Sie Ihren Blick für die zahlreichen Finessen des körpersprachlichen Ausdrucks schärfen, denn Ihre Kenntnis ist die wichtigste Voraussetzung, um Körpersprache richtig zu interpretieren.

Ein Politiker wird in einem Interview während des Wahlkampfes alle Gesten vermeiden, die dem Wähler unsympathisch erscheinen oder ihn in die Ecke treiben.

Sie erfahren dadurch mehr über Ihr Persönlichkeitsprofil und Ihr Verhältnis zu Ihrer Umwelt. Denn in jedem Echo, das Sie im anderen erzeugen, spiegelt sich auch Ihre körpersprachliche Wirkung. Wer sich selbst versteht, aufmerksam beobachtet und einfühlsam interpretiert, wird wiederum die Körpersprache seines Gegenübers richtig deuten. Gegenseitige Missverständnisse können so von vornherein umgangen, Frustrationen vermieden und das Selbstbewusstsein gestärkt werden. Wer Körpersprache erkennt und versteht, lebt erfolgreicher und ist selbstbewusster. Er lernt, sich selbst und andere, mit denen er im Gespräch ist, besser einzuschätzen und sensibler auf ihre Erwartungen zu reagieren.

Die Kenntnis des nonverbalen Frage- und Antwortspiels – der Körpersprache – hilft uns, Gesten und Gebärden unseres Gesprächspartners richtig zu interpretieren.

Einstudierte Körpersprache

Doch trotzdem: Vorsicht ist geboten im »geplanten« Umgang mit Körpersprache. Nicht jeder von uns ist ein geborener Schauspieler, dem man die Verstellung als ganz natürliches und damit überzeugendes Verhalten abnimmt. Denken Sie nur an einen Vertreter, der Sie besucht, um Ihnen glaubhaft zu machen, dass Sie eine Ware unbedingt benötigen und deswegen auch gerne kaufen. Er hat oft eine ganze Reihe von körpersprachlichen Schulungen besucht, um im Gespräch und damit geschäftlich erfolgreich zu sein. Oft wirken die Gesten jedoch einstudiert und passen nicht mit dem gesprochenen Wort zusammen. Wie kommt es dazu?

Gerade im Umgang mit anderen Menschen kann das Verständnis der körpersprachlichen Signale hilfreich sein.

Sich treu bleiben

Als treffendes Beispiel eignet sich ein dominanter Erwachsener, der es gewohnt ist, immer recht zu behalten und die Meinung anderer nicht gelten zu lassen. Wenn er eines schönen Tages ein Körperspracheseminar besucht, um von nun an mit seinem neu erworbenen Wissen um die Gesten und Zeichen des Menschen als sensibler rücksichtsvoller Zuhörer zu gelten, so ist diese Anstrengung nur selten von Erfolg gekrönt. Auch wenn dieser Mensch brav und sorgsam alle Körperhaltungen, Gesten und die entsprechende Mimik vor dem Spiegel einstudiert, bevor er sich mit seinen neuen Kommunikationstechniken unter das Volk mischt, wird er nur schwerlich überzeugen können. Sein eigentliches Wesen, das er von Geburt an zum einen aus der Veranlagung heraus, zum anderen durch Erfahrungen ausgebildet und entwickelt hat, wird ihm einen Strich durch die Rechnung machen. Denn es ist sehr schwer, mit Gewohnheiten zu brechen – besonders im Umgang und in der Kommunikation mit anderen Menschen.

Passen die körpersprachlichen Signale nicht zum Wesen eines Menschen, wirkt die Haltung sehr schnell gekünstelt.

Ehrliche Körpersprache

Die Art unserer Körpersprache muss zu unserem Typ und zu unserem Charakter passen, um andere Menschen als ehrlich zu überzeugen und uns nicht als affektiert oder mittelmäßige Schauspieler dastehen zu lassen. Angewandt auf unseren Vertreter, der Sie besucht, und seine Ware an den Mann bringen möchte, heißt dies: Er kann Sie nur dann wirklich überzeugen, wenn er genügend natürliches Einfühlungsvermögen besitzt, um Sie richtig einzuschätzen. Sensibilität ist nicht erlernbar, doch können wir unsere Aufmerksamkeit für die körpersprachlichen Signale der anderen trainieren. Wir können lernen, was unsere eigenen und die Zeichen der anderen bedeuten, und können durch dieses Wissen im Gespräch oder in der Konfrontation mit anderen natürlich und unbefangen reagieren. Denn wir haben zugleich das Ungesagte verstanden und richten uns nicht nur nach der gesprochenen Botschaft.

Körpergefühl entwickeln

Ziel eines entspannten Umgangs mit der Körpersprache ist außerdem ein natürlicher Umgang mit dem eigenen Körper, um auf diesem Wege zu mehr Selbstbewusstsein und Souveränität zu gelangen. Denn für jeden von uns lässt sich angelernte Körpersprache sofort intuitiv von der selbstbewussten, gewachsenen Haltung unterscheiden. Wir alle verfügen über einen Kanon aus Gesten, Mienen und Körperhaltungen, der unserer Stammesgeschichte entstammt und zugleich durch die gesellschaftliche Übereinkunft des Miteinanderumgehens geprägt ist. So verstehen wir bei aufmerksamer Betrachtung meist recht schnell, wie es unserem Gegenüber momentan zumute ist und was er bezweckt oder vor was er sich fürchtet. Je entspannter wir in unserer Körperlichkeit auftreten, desto selbstbewusster und sicherer wirken unsere körpersprachlichen Signale, die wir aussenden.

Körpergefühl trainieren

Yoga- und Atemübungen können sehr wirkungsvoll dabei helfen, die Körperhaltung und das Verhältnis zur eigenen Körperlichkeit zu verbessern. Solange die Zeichen, die wir dem anderen durch unseren Körper mitteilen, natürlich und selbstverständlich an uns wirken, weil sie zu unserem Selbst und zu unserer Individualität passen, können wir jede Art der Kommunikation mit unserem Gegenüber besser gestalten.

1 Die Grundlagen der Körpersprache

Wir senden bestimmte körpersprachliche Signale aus, die grundsätzlich jeder Mensch verstehen kann. Dabei spielt es überhaupt keine Rolle, aus welchem Land oder Kulturkreis der andere kommt.

Der menschliche Körper ist ein komplexes Bauwerk, das uns Bewegungen wie den aufrechten Gang und geschicktes Manipulieren mit den Händen erlaubt. Ein Skelett, Muskeln und Gelenke ermöglichen dies. Im Zusammenspiel mit unserem Wahrnehmungsapparat und unseren Sinnesorganen entsteht so ein lebendiger Austausch mit unserer Umwelt. Denn jede Bewegung oder Regungslosigkeit unseres Körpers wirkt als Signal an unsere Umgebung, ohne dass wir dazu erklärend ein Wort sagen müssen.

Eine Mischung aus einzelnen Bewegungen

Ausgelöst wird jede unserer Bewegungen durch besondere Reize. Dies kann ein bestimmter Anblick sein, ein bestimmter Geruch, ein Ton oder eine Berührung. Doch auch innere Bewegungen, wie Gefühle und Stimmungen drücken wir durch körperliche Reaktionen aus, die teils unbewusst, teils bewusst ablaufen.

Körpersprache ist eine Kombination aus verschiedenen Körperbewegungen. Manche Bewegungen setzen wir genau kalkuliert und wohl überlegt ein, andere führen wir hingegen vollkommen unbewusst durch. Manche körpersprachlichen Signale versteht jeder unserer Mitmenschen, andere wiederum verstehen nur Zeitgenossen, die in einem ähnlichen kulturellen Umfeld aufgewachsen sind wie wir.

Das Nervensystem

Verantwortlich für alle nicht durch das Bewusstsein gesteuerten Vorgänge in unserem Körper ist das Nervensystem. Es stellt die Verbindung zwischen unserer Persönlichkeit und der Außenwelt dar. Erst dadurch werden wir im eigentlichen Sinne zu fühlenden Wesen. Die Hauptaufgaben des Nervensystems bestehen in der Wahrnehmung und der entsprechenden Reaktion auf das Wahrgenommene. Die Sinnesorgane schicken über die Nerven Impulse zum Gehirn, das diese an die Muskeln weiterleitet und sie damit zur Bewegung angeregt.
Gefühlsreaktionen werden durch einen besonderen Teil des Nervensystems gesteuert. Dieses so genannte vegetative Nervensystem arbeitet weitgehend unabhängig vom übrigen System und ist unserem bewussten Willen entzogen. Es besteht aus den Nerven Parasympathikus und Sympathikus, die für die Aufrechterhaltung der organischen Grundfunktionen sorgen. Der Parasympathikus regt das Magen-Darm-System und die Drüsentätigkeit an. Er ist verantwortlich für das körperliche Wachstum, das entspannte Atmen, die Erholung und die Regeneration des Körpers. Der Sympathikus regt den Kreislauf an, hemmt die Verdauungsfunktionen und reguliert Kampf- oder Fluchtreaktionen.
Wie unser vegetatives Nervensystem arbeitet, ist zum Teil durch die ererbte Veranlagung beeinflusst. Menschen mit einem empfindlichen Nervensystem sind für nervöse Beschwerden empfänglicher. Sie reagieren sensibel auf Stresssituationen und benötigen einige Zeit, um mit ihnen fertig zu werden. Ihre Körpersprache ist häufig sehr ausdrucksvoll und leicht interpretierbar, da sie ihre Gefühle nur schwer unter Kontrolle halten können.

Erröten, Herzklopfen, schwitzende Hände, weit aufgerissene Augen oder Zittern sind unbewusste Gefühlsreaktionen, die durch das Nervensystem gesteuert werden.

In Stresssituationen oder wenn wir Angst haben, arbeitet der Sympathikus auf Hochtouren.

Genaue Beobachtung

Aus den rein biologischen Reaktionen des Nervensystems entsteht gemeinsam mit anderen stammesgeschichtlich veranlagten Signalen die stumme aber beredte Körper-»sprache«. Jeder Mensch versteht sie teilweise instinktiv und teils durch seine individuelle Lebenserfahrung und Erziehung. Wir wissen also intuitiv, dass der menschliche Körper Signale aussendet, die wir erkennen und auf die wir entsprechend reagieren können. Neben den angeborenen Verhaltensweisen und körpersprachlichen Signalen hat der Mensch im Laufe seiner Entwicklung eine ganze Reihe von Gesten entwickelt. Sie könnten manches Gespräch überflüssig machen, wäre jeder von uns ein aufmerksamer Beobachter und würde seinen Körper auf die Signale, die er aussendet, genauestens kontrollieren. Denn um körpersprachliche Signale anderer Menschen zu verstehen, bedarf es der aufmerksamen Beobachtung.

Situative und persönlichkeitsbedingte Körpersprache

Körpersprache ist einerseits eine Technik, die jeder von uns zum Teil unbewusst beherrscht, andererseits die bewusst eingesetzte Kunst der Verstellung und der Suggestion. Denn nicht jede Geste ist so offensichtlich wie beispielsweise das Gähnen hinter vorgehaltener Hand, die uns die offensichtliche Ermüdung unseres Gegenübers mitteilt und dass das Gespräch schnell zu einem Ende gebracht werden sollte. Diese Art der Körpersprache erfolgt unbewusst über die entsprechenden Bewegungsabläufe. Das klassische Beispiel für bewusst eingesetzte Körpersprache ist der schon genannte Vertreter, der etwas verkaufen will. Aber auch in anderen Berufen, wie Unternehmensberater, Lehrer etc., wird immer mehr auf den bewussten Einsatz der Körpersprache gesetzt.

Unsere Körpersprache kann im Prinzip zwei grundlegende Arten von Aussagen beinhalten. Die eine ist rein situativ bedingt, das heißt, die Körpersprache drückt spontan unseren Gefühlszustand aus, ohne etwas über unsere allgemeine Charakterstruktur zu sagen. Ein Mensch kann ohne weiteres auf eine ärgerliche Situation einmal freundlich und gelassen reagieren, auch wenn er von Natur aus ein Choleriker ist. Um-gekehrt kann sich jemand über eine Nichtigkeit fürchterlich aufregen, ohne deshalb ein Choleriker zu sein. Er ist nur eben in diesem Momet gefühlsmäßig in einer schlechten Verfassung.

Die zweite Art von Aussagen bezieht sich auf jene grundlegenden Charaktereigenschaften, die situationsunabhängig vor allem bei Bewegungsabläufen wie dem Gehen oder bei der Körperhaltung im Stehen und Sitzen zutage treten. Hier ist es sehr schwierig, sich dem anderen gegenüber zu verstellen.

Körpersprache verstehen

Der Unterschied zwischen situativer und persönlichkeitsbedingter Körpersprache lässt sich

Offene und zugewandte Körperhaltung, ein gerader Blick sowie nach oben gezogene Mundwinkel und Gesichtsfalten zeugen im Prinzip von einer positiven Grundhaltung.

Eine negative Einstellung erkennt man an nach unten zeigenden Mundwinkeln und Gesichtsfalten. Manchmal äußert sich dies zudem in einer nach vorn gebeugten Haltung.

an folgender Situation verdeutlichen: Sie fahren in Urlaub und haben übersehen, dass die Gültigkeit Ihres Personalausweises abgelaufen ist. An der Grenze treffen Sie unglücklicherweise einen gereizten Beamten an, der den Fehler bemerkt. Ist der Beamte vielleicht nur genervt, weil es noch früh am Morgen ist, und seine Körpersprache verrät ein an sich offenes Wesen, dann können Sie versuchen, den Beamten in ein Gespräch zu verwickeln. Zeigen Sie Verständnis für die Unannehmlichkeiten seines Dienstes und erläutern Sie, dass Ihr Fehler aufgrund von Stress und Unaufmerksamkeit unterlief. Meist drückt ein an sich freundlicher Mensch dann ein Auge zu und lässt Sie passieren.

Haben Sie jedoch jene Sorte von mürrischen und pedantischen Grenzbeamten vor sich, bei denen ihre grimmige Haltung schon von weitem verrät, dass es ihm ein Vergnügen bereitet, Sie zu drangsalieren, dann können Sie es gleich bei einem anderen Grenzübergang probieren. Bei derartig rechthaberischen Persönlichkeiten beißen Sie mit jedem Argument auf Granit.

Die Haltung zeigt Emotionen

Betrachten wir das Verhalten unserer Mitmenschen oder auch uns selbst in bestimmten Situationen genauer, dann stellen wir fest, dass es scheinbar für jeden Gefühlszustand eine entsprechende Körperhaltung gibt. Diese Körperhaltung nehmen wir automatisch ein, wenn etwas ganz Bestimmtes eintritt, das uns emotional berührt. Das kann ein freundliches Lächeln sein, aber auch ein scharfes Wort, das uns entgegengeworfen wird. Durch die Haltung, die wir quasi als Antwort einnehmen, zeigen wir unserem Gegenüber, was wir empfinden, bevor wir überhaupt den Mund aufgemacht haben, ja noch bevor uns der entsprechende Gedanke durch den Kopf geschossen ist, was wir entgegnen möchten. Außerdem signalisieren wir durch unsere Körperhaltung, dass wir eine bestimmte Reaktion des anderen erwarten. Eine andere Form von Verhalten und Signalen, eine besondere Gangart oder eine bestimmte Kopfhaltung, sind hingegen Ausdruck der Persönlichkeit unseres Gegenübers. Diese Persönlichkeit ist teils erblich bedingt und teils durch Erfahrungen gewachsen. Solche Signale können uns viel über unseren Mitmenschen sagen, auch wenn wir nur sehr begrenzt unsere Handlungen danach ausrichten können oder wollen.

Nur wer andere Menschen genau beobachtet, wird mehr über ihre Körpersprache lernen.

Die Körperhaltung in bestimmten Situationen verrät Emotionen und Gefühlsregungen unseres Gesprächspartners.

Die Körpersprache als Anhaltspunkt

Wenn wir also lernen, welche körpersprachliche Bedeutung die Haltungen, Gesten, und Arten der Bewegung haben, erfahren wir viel über das Wesen eines Menschen und können lernen, angemessen zu reagieren. Die Kommunikation, das Gespräch oder die Diskussion kann so einen für uns deutlich befriedigenderen Verlauf nehmen, als wenn wir die Signale des anderen ignorieren und nur darauf bedacht sind, unsere Ziele

durchzudrücken. Nun steht nicht jedem Menschen dasselbe Körperspracherepertoire zur Verfügung, und nicht jeder ist in der Beobachtung anderer geschult.
Genauso wie es in der verbalen Sprache beredte und eher wortkarge Menschen gibt, so finden sich auch bei der Körpersprache Menschen, die sich ihres Körpers intuitiv bedienen, eine besonders ausgeprägte Mimik und Gestik besitzen oder ein Temperament, das ihnen erlaubt, offen ihre Gefühle zu zeigen. Andere hingegen versuchen genau dies zu vermeiden und verschleiern ihre Stimmungen durch eine starke Selbstkontrolle. Daraus lässt sich einiges über den Charakter und das natürliche Temperament eines Menschen ablesen.

Die Beobachtung anderer war auch für James Dean die Voraussetzung für seine Schauspielkunst.

Die anderen studieren

Nicht umsonst ist es eine beliebte und sehr lohnenswerte Vorbereitung für Schauspieler auf eine bestimmte Rolle, andere Menschen zu beobachten. James Dean beispielsweise setzte sich häufig zum »Rollenstudium« in einen Laden und sah von innen aus zu, wie die (sich unbeobachtet fühlenden) Passanten ins Schaufenster sahen und sich auf der Straße bewegten. Diese natürlichen Bewegungen, die mit dem Menschen, der sie ausführt, eine Einheit bilden, nahm er dann als »Verkleidung« für seine Theater- oder Filmrolle.

Körpersprache muss natürlich sein

Körpersprache ist im eigentlichen Sinne nur dann Körpersprache, wenn sie intuitiv ausgeführt wird. Wir können uns zwar gewisse Haltungen, Gangarten, Bewegungen, Gesten und Mimik stärker bewusst machen, um bestimmte Ziele leichter zu erreichen, doch hilft dies alles nichts, wenn nicht die seelische Bereitschaft zur Wandlung besteht. Ein Mensch, der heute scheu und unsicher ist und seinem Gegenüber mit gesenktem Kopf, verschränkten Fingern und kleinen Schritten entgegentritt, wird nicht plötzlich zum mutigen Draufgänger, nur weil er den Kopf hoch trägt, die Brust herausstreckt, großzügig gestikuliert und sich raumgreifend bewegt. Um Körpersprache wirklich gezielt einzusetzen, muss man entweder ein begnadeter Schauspieler sein oder an seinen Veränderungen, die man im Leben anstrebt, wachsen und sich entwickeln wollen.

Ein schüchtener Mensch muss seine unsichere Haltung überwinden. Er wird sein Selbstbewusstsein nicht durch eine gespielte selbstsichere Haltung steigern. Aufgesetzte Gestik trägt nicht zum besseren Verständnis der Körpersprache bei.

Mehr Verständnis für sich und andere

Wer sich den Zusammenhang von Charakter und Körpersprache vor Augen hält, kann durch das Beobachten der Körpersprache sich selbst und seine Mitmenschen besser erkennen. Dies ermöglicht ihm, angemessener auf die Wünsche und Bedürfnisse von anderen zu reagieren und somit eine positive Atmosphäre zu schaffen. Diese kann die Grundlage für Freundschaften und Bekanntschaften sein, aber auch für geschäftliche Erfolge sorgen.

Auf jeden Fall gibt Ihnen die Kenntnis der Körpersprache ein Gefühl der Sicherheit und erlaubt Ihnen, erfolgreicher durchs Leben zu schreiten und sich im Gespräch, sei es privater oder geschäftlicher Natur, souverän zu behaupten.

Sich selbst kennen lernen

Doch nicht nur im Umgang mit anderen Menschen ist die Körpersprache von Nutzen, sondern auch bei der bewussten Auseinandersetzung mit der eigenen Persönlichkeit können Sie davon profitieren. Dabei geht es allerdings nicht darum, bestimmte Gesten oder Bewegungen aufzusetzen, weil dies nur eine Änderung Ihrer oberflächlichen Erscheinung wäre. Vielmehr soll Ihnen die Erkenntnis der eigenen Körpersprache ermöglichen, sich mit Ihrer eigenen Persönlichkeit auseinanderzusetzen. Nur wenn Sie sich selbst erkennen und an sich arbeiten wollen, dann wird Ihnen langfristig eine Persönlichkeitsänderung gelingen. Mit dieser wird sich dann auch Ihre Körpersprache von selbst ändern und viel überzeugender wirken, als es je eine einstudierte Gestik oder Haltung könnte. Dies sollten Sie anstreben, und dabei will Ihnen dieses Buch helfen.

Körpersprache ist ein Stück Persönlichkeit; sie wird intuitiv ausgeführt. Bewusste Haltungen, Gangarten, Bewegungen, Gesten und Mimik wirken häufig aufgesetzt.

2 Wie wir mit unserem Körper sprechen

Unser Körper ist wie ein Orchester, bei dem die einzelnen Körperteile die Musikinstrumente bilden. Wie jedes Instrument können die Körperteile die Melodie aufgreifen und unsere Gefühle ausdrücken. Richtig vollständig wird das Stück aber erst durch das konzertierte Zusammenspiel aller Instrumente. Genauso bringt erst das Zusammenwirken sämtlicher Körperteile unsere Stimmung in all ihren Abstufungen zum Ausdruck. So kann die Heftigkeit des Ausdrucks dosiert und können Zwischentöne erzeugt werden.

Nur durch das Zusammenspiel aller Körperteile gelingt es, unser gesamtes Repertoire an Stimmungen zum Ausdruck zu bringen.

Wie bei der Musik müssen wir uns bei der Körpersprache zunächst die einzelnen Teile genauer ansehen, wenn wir das Ganze verstehen wollen. Unser Körper spricht mit all seinen Teilen nur, soweit sie nach außen sichtbar sind. Über ihre Bewegung oder Untätigkeit drücken diese eine jeweilige Stimmungslage aus oder verraten etwas über die Persönlichkeit oder den Charakter eines Menschen. Dabei werden die einzelnen Gliedmaßen in verschiedenem Ausmaß und unterschiedlicher Intensität eingesetzt. Zu den wichtigsten Ausdrucksformen zählen:

- Die Körperhaltung allgemein
- Die Grundpositionen des Stehens, des Gehens und des Sitzens
- Die Gestik und Mimik
- Der übrige Körper, wie etwa Haut, Hals und Oberkörper

Was die allgemeine Körperhaltung ausdrückt

Unser Körper als Ganzes gesehen ist das Grundinstrument für unsere Körpersprache. Andere Personen nehmen uns in der Regel immer in unserer Gesamtheit wahr. Anders verhält sich dies bei Menschen, von denen wir nur Teile ihres Körpers zu Gesicht bekommen, wie beispielsweise bei Fernsehmoderatoren. Doch auch hier hat sich in den letzten Jahren viel geändert. Wir als Zuschauer fühlen uns wohler, wenn wir den ganzen Menschen vor uns haben und nicht nur einen Teil, der ja etwas von seiner Persönlichkeit verbergen könnte. Denn unsere Körperhaltung signalisiert der Umwelt immer, wie wir uns gerade befinden.

Körperhaltung und Befindlichkeit

Außerdem wirkt sich unsere Körperhaltung gleichzeitig auf unseren Gefühlszustand und unsere Stimmung aus, schließlich stellen Körper und Seelenlage eine Einheit dar. Wenn wir fest mit beiden Beinen auf dem Boden stehen, drücken wir damit aus, dass wir hier unverrückbar und sicher wie ein Fels stehen. Verlagern wir unser Gewicht ständig von einem Bein auf das andere, zeigen wir dadurch, dass wir uns auf dem Boden, auf dem wir gerade stehen, gar nicht wohl fühlen. In einer solchen Situation fühlen wir uns überfordert oder eingeschüchtert. Versuchen Sie einmal, eine dieser Haltungen ganz bewusst einzunehmen. Sie werden schnell merken, dass diese auch auf ihre Stimmung abfärbt.

Jede Haltung wirkt auf die Umwelt

Das gilt ebenso für die Bewegung. Ob wir wie ein Zinnsoldat im Stechschritt marschieren oder leicht beschwingt durch die Räume wandeln, sagt viel über unser Selbstbewusstsein aus und wie wir in uns ruhen. Nicht zuletzt das Sitzen als dritte uns zur Verfügung stehende Körperhaltung signalisiert dem Gegenüber, ob wir uns sicher oder unsicher fühlen oder dem anderen überheblich unsere Macht signalisieren wollen. Je ängstlicher und verunsicherter wir sind, desto verkrampfter

Wenn wir uns in bestimmten Situationen unwohl, unsicher oder überfordert fühlen, drücken wir das immer auch durch eine entsprechende Körperhaltung aus.

und starrer werden wir auf einem Stuhl sitzen und das Gespräch wird schnell den Charakter eines Verhörs annehmen. Mit dem lässigen und bequemen im Stuhl Herumlungern, am besten noch mit einem Bein über der Lehne, signalisieren wir hingegen, dass der Raum, in dem wir uns befinden, unsere Machtsphäre ist und wir das Sagen haben. Ergänzend sollte hier jedoch hinzugefügt werden, dass all diese Körperhaltungen auf natürliche und ungezwungene und nicht auf gespielte Weise eingenommen werden. Um seine Schüchternheit zu überwinden reicht es leider nicht, sich einfach in den nächstbeliebigen Chefsessel zu lümmeln.

Die Kombination von Sprache und Körpersprache vergrößert unser Ausdrucksspektrum.

Das Ausdrucksspektrum vergrößern

Aus der Haltung des Körpers heraus gestalten wir auch den Spielraum für unsere Gestik durch Arm- und Beinbewegungen, die ganz wesentlich den Eindruck mitbestimmen, den andere von uns haben. Sitzen wir entspannt mit leicht geöffneten Armen und Beinen, so zeigen wir Selbstsicherheit und geben den anderen das Gefühl, der Situation gewachsen zu sein. Stehen wir hingegen unruhig, wippen auf den Ballen auf und ab und verschränken die Hände hinter dem Rücken, so zeigen wir unsere Fluchtbereitschaft. Unser Gesamtausdruck verrät eine innere Anspannung, die auf den anderen abfärbt und den Gesprächsverlauf beeinflusst. Denn die Glaubwürdigkeit dessen, was Sie sagen, wird u.a. daran gemessen, in welchem Verhältnis es zu den Signalen Ihres Körpers steht. Wenn das, was man sieht, nicht zu dem passt, was man hört, dann ist das Gespräch meist ein Fehlschlag. Umgekehrt können Sie die Wirksamkeit ihrer Aussagen durch eine entsprechende untermalende Körpersprache verstärken.

Ob wir gehen, stehen oder sitzen, jede Haltung sagt stets etwas über uns und unser Selbstbewusstsein aus.

Mit einer ängstlich verkrampften Haltung stellen wir uns oft selbst ins Abseits.

Körperhaltung und Raumbewusstein

Zur Körperhaltung im weiteren Sinn gehört schließlich die Einordnung in den Raum. Dieser Aspekt des Revierverhaltens wird noch ausführlicher auf Seite 66ff. behandelt. Die Art, wie wir einen Raum betreten oder uns darin postieren, sagt ebenfalls etwas über unser Selbstbewusstsein aus. Betreten wir den Raum forsch und stellen uns in den Mittelpunkt, so wirken wir selbstsicher, wenn nicht gar arrogant. Treten wir nur zögernd ein und stellen uns nahe zur Wand oder in eine Ecke, so wirken wir unauffällig und ängstlich.

Wie bei der eigentlichen Körperhaltung gilt auch für die Postierung im Raum, dass wir auf sie achten und damit Rücksicht auf andere Menschen nehmen. Somit sorgen wir (gerade bei ersten Begegnungen) für einen guten Einstieg, der sich positiv auf den weiteren Gesprächsverlauf auswirkt.

Die Bedeutung der richtigen Atmung

Der richtigen Atmung kommt eine zentrale Rolle bei einer entspannten und aufrechten Körperhaltung zu, die nach außen Selbstsicherheit und Souveränität widerspiegelt. Je tiefer und entspannter wir atmen, desto besser ist die Energieversorgung von Körper und Geist. Richtig und ganz bewusst atmen, fällt vielen Erwachsenen schwer. Dieser lebenserhaltende Vorgang geschieht mehr nebenbei, und da er offensichtlich so reibungslos funktioniert und der Körper gut mit Atem versorgt zu sein scheint, lohnt sich die Mühe nicht, explizit darauf zu achten. Dabei sollten gerade Menschen mit einer verspannten Haltung des Oberkörpers, entweder durch Überstrecken und Vorwölben der Brust oder mit eingezogenen Schultern und gebeugtem Rücken, auf ihren Atem Acht geben. Bei ihnen kommt es, wie bei den meisten Erwachsenen mit leichten Haltungsfehlern, zu einer fehlerhaften Atmung.

Richtige und falsche Atmung

Während Kinder die »richtige« Bauch- oder Zwerchfellatmung automatisch beherrschen, neigen die meisten Erwachsenen zu »falscher« oder Brustatmung. Dabei pumpen sie die Luft in den Brustraum oder atmen zu flach und zu schnell, wodurch die Lungen nur im oberen Teil mit Luft gefüllt werden und der gesamte Organismus nur unzureichend mit Sauerstoff versorgt wird. Richtig atmen wir hingegen, wenn sich beim Einatmen die Bauchdecke hebt und vom Zwerchfell aus der gesamte Organismus mit Sauerstoff versorgt wird. Beim Ausatmen wird der Bauch dann wieder flach.

Zu falscher Atmung kommt es durch Anspannung, Verunsicherung, Aufregung oder Alltagsstress. Durch das richtige Bauchatmen werden alle vitalen Vorgänge in Körper, Geist und Seele angeregt und harmonisiert, Nervosität und innere Unruhe nehmen ab. Man fühlt sich stärker und selbstbewusster, nimmt sich als Person ganz an und die entsprechende aufrechte Körperhaltung ein. Gut durchatmen können wir in einer aufrechten, aber entspannten Haltung. Durch die richtige Atmung und die richtige Haltung sind wir den Anforderungen des Alltags besser gewachsen. Wie Sie Ihre Atmung und damit Ihre Körperhaltung trainieren können, lesen Sie bitte auf Seite 142ff. nach.

Was wir beim Stehen signalisieren

Die Beine und das Stehen sind für den Menschen derart symbolhaft und aussagekräftig, dass sich zahlreiche Redewendungen darum ranken. Jemand »steht wie ein Fels in der Brandung«, er ist »bodenständig« oder er »steht da wie ein Baum« sind nur einige Beispiele.

Das seelische Wohlbefinden

Über die Berührung der Zehen, Ballen und Fersen mit dem Erdboden sind unsere Füße in Kontakt mit dem ganzen Körper. Wie sehr dieser Kontakt auf unser gesundheitliches Wohlbefinden wirkt, kann man bei einer Fußreflexzonenmassage feststellen. Durch Energiepunkte an den Füßen werden Energien zum Fließen gebracht, die über so genannte Meridiane den ganzen Körper durchströmen und die inneren Organe miteinander verbinden. Insofern ist das Wohlbefinden unserer Füße und die Art des Standpunktes, den wir im Leben einnehmen, ein Spiegel unserer Gesamtbefindlichkeit. Je besser wir uns fühlen, desto ausbalancierter werden wir stehen. Genauso können wir durch die Haltung, die wir einnehmen, unser Gefühlsleben positiv wie negativ beeinflussen. Zum Stehen gehört außerdem die Stellung der Fußgelenke. Ob man vorne auf den Ballen steht, fest in der Mitte oder eher nach hinten auf der Ferse, beeinflusst über die Körperhaltung, die sich daraus ergibt, eine innere Haltung.

Ein optimaler Standpunkt ist die beckenbreite Stellung der Beine. Die körperliche Haltung sollte zum Ausdruck bringen, dass Sie einen Standpunkt vertreten ohne die Bereitschaft zu verlieren, Ihrem Gegenüber einen Schritt entgegenkommen zu können oder ihn entgegenkommen zu lassen.

Stehvermögen zeigen

Nehmen wir als Beispiel die positivste Stehhaltung, mit beiden Beinen fest auf dem Boden, so wird deutlich, warum diese dazu dient, unserem Gegenüber Stärke und Selbstbewusstsein zu signalisieren. Durch den guten Bodenkontakt, den wir mit beiden Füßen herstellen, fließen die seelisch-körperlichen Energien ungehemmt durch den Körper. Wir wirken körperlich gesund, belastbar und seelisch stabil. Zudem vermitteln wir den Eindruck, jeder Situation gewachsen zu sein, da wir mit unserer Umwelt in gutem Kontakt stehen und in der Lage sind, alle Reize aufzunehmen und richtig zu verwerten. Das Gewicht ist in dieser Haltung, die einen unangreifbar erscheinen lässt, gleichmäßig auf beide Beine verteilt und die Knie sind nicht ganz durchgedrückt. Dadurch entlasten wir das Skelett und insbesondere die Rückenmuskulatur. Gleichzeitig sind wir jederzeit zu einer Bewegung in der Lage.

Die harte Haltung

Diese natürliche Ausstrahlung ist nicht vergleichbar mit der militärisch-straffen Haltung mit geradem Rücken, zurückgenommenen Schultern, eingezogenem Bauch und durchgedrückten Knien. Wer sich auf diese Weise hält, vermittelt zwar einen sehr pflichtbewussten, beherrschten und willenskräftigen Eindruck, hinterlässt aber andererseits das Gefühl, zwanghaft sich und seine wahren Gefühle im Zaum zu halten, um nichts von sich preiszugeben. Vor lauter Angst, sensibel oder schwach zu wirken, zeigt man sich von seiner hölzernsten Seite. Gleiches gilt für eine Haltung mit aufrechtem Oberkörper und vorgewölbtem Brustkorb, ebenfalls mit druchgedrückten Knien. Diese Haltung soll zwar als Imponiergehabe Selbstbewusstsein und Entschlossenheit demonstrieren, dient aber meist als Schutzschild für Gefühle, die man verbergen möchte, da man sie als Schwächen einschätzt. Paradox an diesen Haltungen ist: Je verkrampfter wir uns halten, desto weniger scheinen wir der Situation gewachsen und desto mehr zeigen wir uns im Grunde unterlegen. Stärke und Selbstbewusstsein offenbart sich in einer Mischung aus Angespanntheit und der Bereitschaft zur spontanen Bewegung und Entspanntheit bei größtmöglicher Bodenhaftung.

Eine betont selbstbewusste und entschlossene Haltung wird schnell als Schutzfunktion für Gefühle und Schwächen entlarvt.

Die weiche Haltung

Besonders deutlich wird die Unterlegenheit in einer Situation durch die für sie typischste Haltung, der es völlig an muskulärer Anspannung fehlt.

Ein gebeugter Rücken und mangelnde Standfestigkeit, die sich darin zeigt, dass man in den Fesseln häufig umknickt oder sich nicht gerade auf den Beinen halten kann, zeugen von Energielosigkeit, Erschöpfung und mangelndem Selbstvertrauen. Dies kann durch eine besondere Situation des Kummers, der seelischen Überlastung oder der Enttäuschung bedingt sein. Es kann sich ferner als ein manifester Persönlichkeitszug erweisen, der sich durch Kindheit, Erziehung und die individuelle Entwicklung herausgebildet hat und durch diese bestimmte Haltung zum Vorschein kommt.

Fest mit beiden Beinen auf dem Boden zu stehen ist der bildliche Ausdruck dafür, dass jemand auch in einem Gespräch Standpunkte vertritt. Er muss sich nicht auf einen schnellen Standortwechsel (Flucht) vorbereiten und argumentiert aus einer sicheren Position heraus. So kann er sein Gewicht auf die Füße verlagern, ohne dabei unbeweglich zu werden.

Die Bedeutung des Standbeines

Wer von einem Bein auf das andere wechselt, zeigt sich beweglicher als jemand, der auf seinen Beinen wie auf zwei Säulen ruht. Eine Bedeutung wird der Tatsache zugeschrieben, ob jemand sein linkes oder sein rechtes Bein als Standbein verwendet. Das linke Bein steht dabei für Unterbewusstsein und Gefühl, denn auf dieser Seite befindet sich das Herz. Das rechte Bein steht für Bewusstsein, Verstand und Vernunft. Diese beiden Impulse sind die maßgeblichen Faktoren, die auf unser Verhalten einwirken.

Der Wechsel des Standbeines

Wer bei einer Auseinandersetzung auf dem linken Bein steht, wird gerade von seinen Gefühlen geleitet, ein Übergang auf das rechte Standbein zeigt die Bereitschaft, auch für rationale Argumente offen zu sein. Wer hingegen ständig von einem Bein auf das andere schwankt, sendet seinem Gegenüber ein deutliches Signal: Unentschlossenheit und Unsicherheit. Das macht eine konstruktive Reaktion für ihn sehr schwierig.

Je nachdem, ob linkes oder rechtes Standbein, demonstrieren wir unsere momentane Haltung: emotional oder rational.

Die richtige Balance

Desgleichen ist die Balance auf der Fußsohle körpersprachlich von Bedeutung. Wer sein Gewicht auf die Ferse legt, neigt sich damit zurück und signalisiert Abgeneigtheit. Verstärkt wird dieser Eindruck durch einen abgewendeten Oberkörper oder durch vor der Brust verschränkte Arme. Zur Flucht eignet sich diese Haltung jedoch nicht, da man zunächst sein Gewicht umbalancieren muss, bevor man gehen kann. Liegt das Gewicht umgekehrt mehr auf den Fußballen, ist man stets reaktionsbereit und »auf dem Sprung«. Das spricht einerseits für eine flexible Persönlichkeit, zugleich aber für eine gewisse Vorschnelligkeit und Impulsivität bei den Reaktionen und Entscheidungen.

Das beste Stehvermögen unter Bewahrung der nötigen Flexibilität ist eine Verlagerung des Schwerpunktes auf die Mitte des Fußes zwischen Ballen und Ferse. Wer so steht, zeigt eine innere Ausgeglichenheit und Ruhe, die sich positiv auf das Gespräch überträgt.

***Links:* Wer sich mit breiten Beinen aufstellt wie ein Westernheld, der befindet sich bereits in einer mentalen Verteidigungsstellung.**

***Links:* Eine steife und zugeknöpfte Haltung erscheint uns heute, da geistige und körperliche Flexibilität geschätzt werden, als zu mechanisch und aufgesetzt. *Rechts:* Wer seine Beine sehr eng beieinander stehen hat, wirkt auf andere zu gehorsam und erwartet förmlich Kritik.**

Was die Art des Gehens aussagt

Schon beim Stehen ist der Körper zu einem Balanceakt gezwungen, denn er muss auf relativ kleinen Füßen die mehr oder minder große Masse seines Gewichts in aufrechter Position halten. Noch schwieriger wird die Wahrung des Gleichgewichts beim Gehen. Mehr als jede andere Körperbewegung drückt die Gangart unsere Energie und Willenskraft aus. Sie wird oft mit geistiger Energie und Flexibilität assoziiert. Wer beispielsweise schnell und mit ausweitenden Schritten geht, vermittelt einen selbstbewussten und dynamischen Eindruck, wer hingegen eher mühsam und mit kleinen Schritten vorwärts kommt, wirkt nicht sehr überzeugend auf seine Umwelt. Frauen in einem engen Rock und hohen Schuhen bewegen sich auf diese Weise und vermitteln willentlich oder ungewollt ihre Schwäche und Unterlegenheit.

Unser Körper spricht auf Schritt und Tritt

Wenn Sie Zeit haben, dann setzen Sie sich in ein Straßencafé und beobachten die Menschen, die an Ihnen vorbeikommen. Sie werden erstaunt sein, wie viele verschiedene Gangarten Sie entdecken können. Achten Sie dabei auf vier Aspekte, die beim Gehen von besonderer Bedeutung sind:

- Das Gehtempo, das sich aus der Schrittgröße und dem Schritttempo zusammensetzt, sagt viel über das Temperament und die Willenskraft eines Menschen aus.
- Die Schrittgröße hängt zwar auch von der individuellen Körpergröße ab, sollte aber mit ihr harmonisch verbunden sein. Unregelmäßigkeiten zwischen Schritt- und Körpergröße können ebenso Absicht sein und vermitteln ein etwas »großspuriges« Auftreten.
- Die Dynamik des Ganges, die aus der Abwechslung von Muskelanspannung und -entspannung entsteht und einen natürlichen und rhythmischen Gang bewirkt, spricht gleichfalls für eine flexible geistig-seelische Haltung und ein gutes Körpergefühl.
- Die Mitbewegung der übrigen Körperteile, vor allem der Hüften und Arme, sollten das Bild des Ganges harmonisch abrunden.

> Der aufrechte Gang unterscheidet uns von unseren Verwandten im Tierreich. Dass er jedoch noch nicht allzu lange Zeit zu unserem körpersprachlichen Repertoire gehört, zeigen die ersten Steh- und Gehversuche eines Kleinkindes.

Was das Tempo beim Gehen ausmacht

Wenn wir einen Menschen mit einer schnellen Gangart mit festen, geraden und lauten Schritten beobachten, so sehen wir dies als ein Zeichen für einen aktiven, selbstbewussten und zielstrebigen Menschen. Während ein fester Gang mit aufrechtem Kopf und Oberkörper auf uns optimistisch und entschlossen wirkt, kann eine Verstärkung dessen auf einen rücksichtslosen Charakter hindeuten. Dieser Eindruck entsteht, wenn man beim flotten Voranschreiten Kopf und Oberkörper vorstreckt.

Bestimmte Wirkungen

Eine andere Form des selbstbewussten Ganges ist das langsame und ruhige Voranschreiten. Es strahlt eine Würde aus, die auch als Mittel dienen kann, um einen sozialen Abstand gegenüber rangniederen Personen zu signalisieren. Verbunden mit häufigem Stehenbleiben demonstriert diese Gangart der Umwelt in der Regel eine Person, die ruhig und selbstbewusst durchs Leben geht. Häufig zu sehen ist dies bei älteren Menschen, die mit dem bisherigen Verlauf ihres Lebens sehr zufrieden und in Würde und Ruhe gealtert sind. Der langsame Gang kann verbunden mit einer schlaffen Haltung vor allem bei jüngeren Menschen einen ganz gegenteiligen Effekt bei seinen Mitmenschen erzielen: Er wirkt auf uns träge und desinteressiert. Pubertierende Jugendliche versuchen mit dieser Gangart oft betontes Desinteresse an den momentanen Gegebenheiten zu demonstrieren.

Ein Ausdruck der Verfassung

Doch nicht nur charakterliche Festigkeit und Selbstbewusstsein lassen sich am Gang eines Menschen ablesen, auch seelische Spannungen wie Nervosität und Unruhe machen sich beim Gehen bemerkbar. Hastige, kleine, unsichere Schritte von gelegentlichem Stolpern unterbrochen sind ein deutliches Anzeichen für nervliche Überreiztheit und Anfälligkeit für Störungen. Verbindet sich dies noch mit einer gebeugten Haltung, dann entsteht leicht das Bild eines labilen, unkonzentrierten und leicht ablenkbaren Zeitgenossen.

Neben Gehtempo und Schrittlänge kommt der Dynamik des Ganges besondere Bedeutung zu.

Was die Länge der Schritte bedeutet

Wenn wir daran denken, dass Gehen für den Körper einen ziemlichen Balanceakt darstellt, so kann man leicht nachvollziehen, dass die Schrittlänge einiges über die Befindlichkeit des Gehenden aussagt. Eine Person, die mit großen und schwungvollen Schritten den Raum betritt, erobert sich förmlich neues Gebiet und wirkt mutig und tollkühn, zeigt positive Eigenschaften wie Lebenslust, Risikobereitschaft und Beweglichkeit.

Große Schritte

Wer lange und langsame Schritte macht – was vor allem bei großen Menschen beeindruckend wirkt – möchte seine eigene Bedeutung hervorheben und wirkt gleichzeitig energisch und voller Tatendrang. Bei kleinen Menschen wirkt diese Gangart hingegen eher etwas schauspielerisch, da man von seiner mangelnden Körpergröße ablenken und eventuell daraus resultierende Minderwertigkeitsgefühle kompensieren will.

Kleine Schritte

Eine Gangart, die vor allem bei Frauen zu beobachten ist, stellt das Gehen mit sehr kleinen, schnellen Trippelschritten mit deutlicher Hüft- und Pobewegung dar. Die kindlich und unsicher wirkende Gangart löst im Allgemeinen beim Mann Beschützerinstikte aus, die verstärkt werden durch die Pobewegung – ein angeborenes Signal für Unterwerfung.

Ein fester, aufrechter Gang zeugt von Zielbewusstsein und Entschlossenheit.

Die Bedeutung der Dynamik beim Gehen

Bei der Beurteilung des Ganges kommt es überdies auf dessen Dynamik an, die stets vom Alter der betreffenden Person abhängig ist. Kinder bewegen sich meist sehr rasch und hüpfen und laufen mehr als sie gehen. Jugendliche, die eine Protesthaltung nach außen vermitteln möchten, neigen zu einem aufreizend langsamen Gang.

Der herangereifte Erwachsene ist daher das interessanteste Objekt der Beobachtung. Lässt sich an seinem Gang doch sehr gut die Grundstruk-

Trippelschritte werden oft bei Frauen beobachtet und stehen nicht zuletzt mit der Mode in Zusammenhang.

tur seiner Persönlichkeit, die Beziehung zur eigenen Geschlechtlichkeit und zu seiner Umwelt ablesen. Bei der Beurteilung der Bewegungen älterer Menschen sollte immer die individuelle körperliche Fitness mit einbezogen werden. Ein gebeugter Rücken und ein langsamer Gang sind dabei nicht unbedingt ein Zeichen der Unterwerfung sondern eher eines der Zeit.

Ein angemessener Gang

Dynamik beim Gehen entsteht durch das Wechselspiel von Muskelanspannung und -entspannung. Das kann entweder zu einem rhythmischen und natürlich wirkenden oder zu einem abgehackten und künstlich erscheinenden Gang führen. Auch hier können wir die unterschiedlichsten Merkmale beobachten und zusammen mit der Kleidung und der übrigen Körpersprache zu einem ersten Persönlichkeitsbild zusammenfügen. Ein straffer und energischer Gang ist ein Zeichen von innerer Ausgeglichenheit, Selbstsicherheit und Zielstrebigkeit. Ein Mensch, der jedoch wie im Takt mit straffen, abgehackten Schritten militärisch-zackig marschiert, legt eine übertriebene Selbstbeherrschung an den Tag, die von seinen Mitmenschen als vorgegebene Entschlossenheit und Disziplin angesehen wird. Dies umso mehr, wenn der Gang dabei steif und verkrampft aussieht und man damit vielleicht innere Unsicherheit und Hemmungen überspielen will.

Die umgekehrte Wirkung wird mit einem lässigen Gang erreicht, bei der Kopf und Rumpf schlaff hängen und die Arme herunterbaumeln. Statt Tatkraft und Selbstbeherrschung wird Ermüdung, Überdruss und Gleichgültigkeit zum Ausdruck gebracht. Liegt in dem Gang überhaupt keine Dynamik und Spannkraft, dann entsteht der Eindruck einer instabilen und wankelmütigen Person, die nicht recht weiß, wo sie hin will. Mit einem angemessenen Gang, nicht zu straff und nicht zu schlaff, mit lockeren und federnden Schritten zeigen Sie Ihrer Umwelt Selbstsicherheit und Selbstbeherrschung, ohne künstlich zu wirken. Die Würde, die Sie für sich selbst empfinden, strahlen Sie auf diese Weise ganz natürlich auch auf ihre Umgebung aus.

Gehen ist bewusst gesteuerte Zweckbewegung und Balanceakt zugleich: Wir gehen auf ein Ziel zu oder flüchten vor etwas oder jemandem; dabei müssen wir unseren bisherigen sicheren Standort verlassen, um einen neuen zu erreichen.

Die Mitbewegung des Körpers

Neben den Beinen läuft Ihr Oberkörper mit. Arm- und Hüftbewegungen beeinflussen das Bild ihres Ganges nicht unwesentlich. Daher sollten Sie beim Gehen einmal bewusst darauf achten, wie der »Rest« Ihres Körpers, also Arme, Oberkörper und Schultern, mitläuft und wie es sich in das Gesamtbild ihres Ganges einfügt.

Bei Männern wirkt ein kraftvoller Gang ohne Hüftbewegungen zwar betont männlich, gerät aber leicht ins Machohafte. Der Mann scheint von sich und seiner Geschlechtlichkeit eingenommen und nimmt sich übermäßig wichtig. Bei Frauen kann diese Gangart als Protest gegen die Weibchenrolle gesehen werden. Sie wirken dadurch tatkräftig und burschikos.

Umgekehrt erscheinen sehr fließende und weiche Hüftbewegungen bei Frauen kokett, bei Männern weisen sie auf eine stärkere weibliche Komponente hin. Passen die Hüftbewegungen harmonisch zu dem Gang, ist dies ein Zeichen für eine gewisse Lässigkeit und Unbeschwertheit, die auf innerer Selbstsicherheit beruht. Werden nicht nur die Hüften sondern auch noch der Oberkörper und die Schultern in die Bewegung einbezogen, so sieht der Gang sehr eitel und gekünstelt aus.

Arme und Oberkörper gehen mit

Die Armbewegung gehört zu den besonders kritischen Punkten beim Gehen. Schwingen die Arme beim Gehen nur wenig mit oder hängen gar bewegungslos wie zwei schlaffe Säcke am Körper herab, dann wirkt dies unsicher und gehemmt. Zu starke Armbewegungen, die wie ein Fuchteln in der Luft aussehen, verraten eine innere Anspannung und Nervosität. Die Armbewegungen sollten daher nicht zu stark ausgeprägt sein und harmonisch zum Gang passen.

Für die Bewegung des Oberkörpers gilt grundsätzlich das Gleiche: Ein leichtes Mitschwingen vermittelt einen tatkräftigen und selbstsicheren Eindruck (vor allem wenn der Oberkörper leicht nach vorn geneigt ist), als wäre man jeder Situation gewachsen. Ein zu starkes Mitschwingen wirkt hingegen übertrieben und kann bei Frauen Ausdruck einer gewissen Koketterie und Affektiertheit sein.

Was die Sitzhaltung veranschaulicht

Die sinngemäße Bedeutung von Stehen und Gehen als Ausdruck einer bestimmten Lebenshaltung oder einer Stimmung wird in zahlreichen Redewendungen deutlich. »Wie jemand daherkommt« oder »welche Stellung er bezieht« sind nur zwei Beispiele. Beide Formen der Bewegung lassen aber, wenn es die Situation erfordert, ein sofortiges Flucht- oder Ausweichverhalten zu. Zudem kann man sie besser in der Gesamtschau interpretieren, wenn man begleitend dazu hört, was derjenige zu sagen hat oder was seine Mimik und Gestik zum Ausdruck bringen. Ein Zusammensitzen ist schon aus diesem Grund ein körpersprachliches Signal an sich. Es macht deutlich, dass man miteinander ins Gespräch kommen möchte und sich auf sein Gegenüber einlässt, da man sich diese Möglichkeit zur Flucht ganz bewusst nimmt.

Was im beruflichen Umfeld die verschiedenen Sitzordnungen bezwecken und bedeuten, wird im Kapitel 4 (Seite 140) eingehender beleuchtet. An dieser Stelle soll Aufschluss darüber gegeben werden, was die Art und Weise, wie man sich hinsetzt, bedeuten kann. Denn natürlich sagt die Haltung beim Sitzen etwas über den Gefühlszustand des Sitzenden aus.

Sitzen als »Standpunkt«

Wie beim Gang ist es für das Verstehen der verschiedenen Haltungen beim Sitzen eine lohnenswerte Übung, seine Mitmenschen einmal genauer ins Visier zu nehmen. Um das Sitzen körpersprachlich deuten zu können, muss man verschiedene Details in Betracht ziehen.

Ein Indiz für das Wohlbefinden unseres Gegenübers ist beispielsweise das Ausfüllen der Sitzfläche. Wenn jemand lediglich auf dem vorderen Stuhlrand sitzt und die Füße dabei unter dem Stuhl hält, dann ist dies ein Anzeichen von erhöhter Fluchtbereitschaft. Sie kann durch eine Unsicherheit entstehen oder ein Persönlichkeitszug von Bescheidenheit und Selbstunterschätzung sein. Nimmt jemand hingegen die gesamte Sitzfläche ein und streckt die Beine aus, dann zeigt dies bei einem familiären oder anderen privaten Anlass ein Gefühl des Wohlbefindens und der Sicherheit. Bei offiziellen Terminen wird mit dieser Haltung Lockerheit und Entspanntheit demonstriert. Offensichtlich gibt man mit dieser Sitzhaltung jede Bereitschaft zur Flucht und die Möglichkeit zur Abwehr auf.

Wenn wir nur auf dem Stuhlrand sitzen, ist dies oft ein Zeichen für Angespanntheit und Unsicherheit.

Wer die ganz Sitzfläche ausfüllt und eine lockere und entspannte Haltung einnimmt, demonstriert seine Sicherheit.

abwehrbereit sein möchte. Im Grunde kann man keine Haltung für sich beurteilen. Sie ist immer Teil des Gesamtausdrucks des Körpers. Ziehen wir die anderen körpersprachlichen Signale noch in Betracht, klärt sich das Bild schnell. Ist der gebeugte Oberkörper ein Zeichen einer angedeuteten Veränderungsbereitschaft, so signalisiert der nach hinten geneigte Oberkörper bei unserem Gesprächspartner – bei gleichzeitig breit geöffneten Beinen und überkreuzten Armen – ein Zeichen seiner inneren Ruhe und Gelassenheit. In kritischen Situationen bedeutet dieselbe Haltung jedoch ein Abwehrverhalten, da sich unser Gegenüber von uns dadurch zurückziehen möchte, und eine gewisse Unsicherheit.

Die Haltung des Oberkörpers

Die Haltung des Oberkörpers beim Sitzen ist ebenfalls aufschlussreich. Sitzen wir jemanden gegenüber, der uns seinen Oberkörper zuwendet, erkennen wir daran seine Aufmerksamkeit und sein Interesse an unserer Person oder dem Gespräch. Wendet er jedoch seinen Oberkörper ab, ist dies ein überdeutliches und beleidigendes Zeichen, dass er eigentlich schon kein Interesse mehr für uns hat und den Ort des Geschehens lieber verlassen möchte. Ähnlich verhält es sich mit der Beugung des Oberkörpers. Wenn sich jemand beim Gespräch nach vorne beugt, zeigt er uns je nach Situation entweder seine Neugierde, Interesse oder Ansprechbereitschaft. Andererseits kann diese gebeugte Haltung eine innere Anspannung verraten und den Drang, etwas tun zu wollen. Vielleicht verhält er sich jedoch so, weil er sich durch uns bedroht fühlt und flucht- oder

Die Art, wie jemand sitzt, gibt deutliche Hinweise auf Charakter und Gemütslage der betreffenden Person.

Die Beinhaltung beim Sitzen

Welchen Standpunkt wir vertreten, selbst wenn wir sitzen, verraten u. a. unsere Beine. Sind sie ausgestreckt, signalisiert dies Gesprächsbereitschaft, den Willen zu bleiben und das Gespräch weiterzuführen. Gespreizte Beine hingegen können der Ausdruck von Sorglosigkeit und Vertrauen sein, bei offiziellen Anlässen sind sie jedoch ein deutlicher Verstoß gegen gutes Benehmen und zeugen von einer gewissen Rücksichtslosigkeit und Dominanzgehabe. Sitzt unser Gesprächspartner mit angewinkelten Beinen auf dem Stuhl, kann es seine Unsicherheit veranschaulichen, denn er befindet sich sozusagen auf dem Sprung. In einem solchen Fall ist es sehr wichtig, eine entspannte Atmosphäre herzustellen, um konstruktiv weiterarbeiten zu können. Ansonsten verläuft das begonnene Gespräch im Sand oder kommt gar nicht erst richtig in Gang.

Richtig Sitzen

Entspannt und höflich zugleich wirkt beim Sitzen eine Haltung, bei der die Beine nicht ganz ausgestreckt und in den Knöcheln überkreuzt sind. Sind die Beine dagegen in derselben Stellung angewinkelt statt ausgestreckt, dann zeugt dies von innerer Zurückhaltung. Man stellt sich quasi sich selbst in den Weg und hemmt die Äußerung von Gefühlen. Die Beine übereinander zu schlagen ist in manchen Fällen sehr bequem und kann Selbstsicherheit und Kompetenz ausstrahlen. Wir sollten allerdings beachten, in welche Richtung unsere Knie dabei zeigen. Deuten sie zum Gesprächspartner hin, signalisieren sie unsere Aufmerksamkeit, weisen sie jedoch vom Gesprächspartner weg, dann kann dies unsere innere Abwendung zur Schau stellen und den anderen unbewusst irritieren.

Gesundes Sitzen ist die beste Haltung

Wer eine zu bequeme Haltung beim Sitzen einnimmt, tut nicht nur seinem Rücken keinen Gefallen, vielmehr behindert er sich in seinem körpersprachlichen Ausdruck. Sich beim Sitzen aufrecht und gerade zu halten sollte keine Sache der Disziplin sein, sondern ein bewusstes Achten auf seinen Körper. Außerdem erhält man sich so seinen Aktionsspielraum für die sonstige Körpersprache mit Händen und Füßen und entwaffnet sich nicht selbst.

Ungesunde Sitzhaltungen

Was uns zunächst als sehr bequem erscheint beim Sitzen, beispielsweise ein krummer Rücken und übereinander geschlagene Beine, fördert langfristig Haltungsschäden, Rückenbe-

Beim Sitzen gibt die Beinhaltung wie auch die Ausrichtung der Knie Aufschluss über die Befindlichkeit der Gesprächspartner. Je nach Haltung lässt sich Interesse oder Desinteresse ablesen.

schwerden und Durchblutungsstörungen in den Beinen. Denn wer mit einem gekrümmten Rücken sitzt, wie das in bequemen Stühlen meist der Fall ist, muss als Ausgleich die Halswirbelsäule ständig überstrecken. Die ganze Schulterpartie wird auf diese Weise verspannt und die Bewegungen mit dem Oberkörper und den Armen behindert. An eine entspannte Körpersprache mit lockeren Gesten ist in einer solchen Position nicht zu denken; man wird eher passiv in seinem Stuhl sitzen und einen desinteressierten Eindruck machen.

Daneben wird der Redefluss durch eine solche Haltung beeinflusst, denn der durch die Rückenkrümmung eingedrückte Brustkorb kann weniger Luft zum Atmen aufnehmen. Wer jedoch nur flach atmet und wenig Sauerstoff in den Lungen hat, vermindert gleichzeitig seine Stimmgewalt. Man spricht leiser oder sogar gepresst und wird so niemanden in seinen Bann schlagen geschweige denn von seinem Gesagten überzeugen. Zudem ermüdet man in dieser Haltung schneller, da der Körper insgesamt nur unzureichend mit Sauerstoff versorgt wird. Die Folge: Der Blutdruck sinkt, man fühlt sich schlapp und müde.

Über die Bedeutung der richtigen Atmung lesen Sie bitte auf Seite 21 nach. Die Atem- und Entspannungsübungen in unserem letzten Kapitel können Ihnen helfen, das richtige Atmen zu trainieren und somit zu einer entspannteren Körperhaltung zu finden.

Der Spielraum wird eingeschränkt

Im unteren Rückenbereich werden zudem die Bandscheiben übermäßig belastet. Rückenschmerzen sind langfristig die Folge, wenn man diese Sitzhaltung gewohnheitsmäßig einnimmt. Die übereinander geschlagenen Beine demonstrieren zwar Lässigkeit, unter Umständen sogar Fachwissen und Selbstsicherheit, verwehren aber Hüfte und Becken jeglichen Bewegungsspielraum. Damit wird eine aufrechte Haltung des Oberkörpers oder eine Drehung nach links oder rechts zu anderen Gesprächspartnern zusätzlich erschwert. Man nimmt sich mit einer solchen Haltung seine Kommunikations- und Wirkungsmöglichkeiten.

Bei längeren Besprechungen ist es ohnehin von Vorteil, wenn Sie hin und wieder Ihre Sitzposition verändern. Dies signalisiert – sofern Sie Ihre Haltung nicht nervös minütlich wechseln – Ihre Zuhörbereitschaft und Ihr Interesse. Zudem ermöglicht Ihnen eine gesunde und letztendlich bequeme Haltung, die körpersprachlichen Signale vielfältig und entspannt einzusetzen.

Das lässige Übereinanderschlagen der Beine kann durchaus ein Zeichen von Selbstsicherheit sein.

Eine verkrampfte Haltung schränkt unseren Spielraum ein. Bisweilen dient die Stuhllehne als regelrechter Schutzschild.

Gerade in der Sitzhaltung offenbart sich die Haltung oder Absicht des Gesprächspartners.

Was die Gestik offenbart

Gesten und Gebärden entstehen aus der koordinierten Bewegung von Armen, Händen und Fingern im Zusammenspiel mit dem gesamten Körper. Für Taubstumme sind diese Ausdrucksmöglichkeiten neben dem Lippenlesen das einzige direkte Kommunikationsmittel. Selbst wenn Sie sich noch nie mit der Bedeutung der einzelnen Gebärden beschäftigt haben, können Sie doch manches in einer »Unterhaltung« zwischen Taubstummen verstehen. Das liegt daran, dass zahlreiche Gesten auch von Hörenden problemlos einer Bedeutung zugeordnet werden können.

Die Ausdrucksmöglichkeit

Gesten und Gebärden sind auch für die Kommunikation zwischen Sprecher und Zuhörer von enormer Bedeutung. Sie ermöglichen dem Sprecher, seine Wirkung zu unterstreichen oder gegebenenfalls zu korrigieren. Der Zuhörer erhält andererseits Gelegenheit, sich ebenfalls nonverbal zu dem Gesagten zu äußern. Für den Sprecher, der gleichzeitig gestikuliert, besteht allerdings immer das Risiko, dass seine Rede durch seine Körpersprache unter Umständen als Lüge enttarnt wird.

So kann eine freundliche und positive verbale Aussage durch eine abwehrende Körperhaltung leicht ad absurdum geführt werden. Die Verstellung ist nicht geglückt.

Die Bewegung von Schultern und Armen

Schultern und Arme finden sich ebenfalls in zahlreichen Redewendungen wieder und sind körpersprachlich interessant zu analysieren. »Jemanden mit offenen Armen empfangen« steht sinnbildlich für eine herzliche Begrüßung. »Wer jemanden über die Schulter ansieht«, verhält sich damit seinem Mitmenschen gegenüber herablassend. Die Bewegung von Schultern und Armen zeigt vor allem unsere Offenheit oder Verschlossenheit gegenüber unserer Umwelt. Wir können sie als Instrumente der Tatkraft einsetzen, um Dinge zu bewerkstelligen, oder sie als Verteidigungsinstrumente schützend vor dem Körper aufbauen.

Die Schulterhaltung

Hängende Schultern sind ein deutliches Zeichen für mangelnde Antriebskraft oder Schuldgefühle, können aber situationsbedingt auf Erschöpfung und Müdigkeit hinweisen. Wenn uns etwas schwer auf den Schultern lastet, dann lassen wir aus Überforderung oder Mutlosigkeit die Schultern hängen.

Hochgezogene Schultern hingegen sollen die empfindliche Kopfpartie schützen, zum Beispiel aus einer Abwehrhaltung heraus, weil man zum

Der berühmte französische Pantomime Marcel Marceau sagte zu seiner Kunst einmal: »Mit Gebärden kann man alles unmissverständlich ausdrücken. Worte können trügerisch sein, aber die Pantomime ist notwendigerweise einfach, klar und direkt.«

Angriff übergehen oder etwas mit Gewalt erreichen will. Schulterzucken ist dagegen das klassische Zeichen von Verständnislosigkeit oder Gleichgültigkeit. Es kann aber gleichfalls den Versuch andeuten, etwas Lästiges abschütteln zu wollen.

Je nach Situation signalisieren die aufgestützten Ellenbogen Abwehr oder eine abwartende Haltung.

Die Armhaltung

Hängen die Arme einfach locker seitlich am Köper herab, und steckt unser Gegenüber eine oder gar beide Hände in die Hosentaschen, dann drückt dies eine sehr bequeme und lockere Haltung aus, die Entspannung ausstrahlt. Bei offiziellen Anlässen ist sie jedoch höchst unangebracht und zeugt entweder von Überheblichkeit den anderen gegenüber oder von schlechten Umgangsformen.

Wenn wir die Arme vor der Brust kreuzen, unabhängig davon, ob wir gerade stehen oder sitzen, gehen wir fast immer in eine Abwehrhaltung über. Je angespannter die Arme dabei sind, desto stärker soll der symbolische Schutzwall sein. Die gekreuzten Arme sollen darüber hinaus auch unangenehme Dinge von uns fernhalten oder sie unterdrücken.

Die Stellung der Arme an einem Tisch

Die Haltung der Arme bei einer Gesprächsrunde an einem Tisch ist sehr aufschlussreich. Hält jemand beide Arme unter dem Tisch, so ist dies ein Zeichen von großer Unsicherheit und Unruhe, kann aber ebenso bildhaft machen, dass der andere etwas zu verbergen sucht.

Mit den Armen kann man sich gegenüber anderen abschirmen.

Legt dagegen jemand einen Arm auf den Tisch und einen darunter, handelt es sich dabei um eine Geste der Schüchternheit und Scheu, die er eigentlich durch einen Kontakt überwinden will. Legt man einen oder beide Arme auf dem Tisch zwischen sich und den jeweiligen Tischnachbarn, so bilden sie förmlich ein das Terrain auf dem Tisch sicherndes Hindernis, mit dem man sich gegen die Nachbarn abzuschirmen versucht. Ruhen die Ellbogen auf dem Tisch und ist der Kopf in die Hände gestützt, dann ist dies entweder ebenfalls eine Abwehrhaltung oder ein Zeichen für eine abwartende Haltung, mit der man sich alle Möglichkeiten offen lässt.

Die Hände nehmen in der Körpersprache eine herausragende Rolle ein. Sie sind unsere ausdrucksvollsten Körperglieder und unser empfindsamstes Instrument. Bei der Interpretation von Gesten muss u. a. jedoch beachtet werden, ob sie von einer Frau oder einem Mann gemacht wurden.

Die Sprache der Hände

Die Menschen benutzen ihre Hände beim Sprechen je nach Temperament sehr unterschiedlich. Während die einen wild gestikulieren, bewegen die anderen ihre Hände sanft und ruhig. Die Möglichkeiten, mit den Händen zu sprechen, sind zahlreich, wie wir eingangs schon anhand der Gebärdensprache veranschaulicht haben. Prinzipiell kann man zwischen Handbewegungen unterscheiden, die bewusst zur Betonung und Ergänzung des Gesagten beitragen sollen, und solchen, die unbewusst aus Gewohnheit geschehen und daher mehr über den Charakter eines Menschen aussagen. Erstere werden vermutlich aus der gleichen Gehirnhälfte gesteuert, in der sich auch das Sprachzentrum befindet, und können erlernt werden.

Gesten verstehen

Für viele Gesten reicht eine Hand aus, manche Gesten werden aber durch den Einsatz beider Hände in ihrer Wirkung verstärkt. Zum Verständnis einiger Gesten ist die Unterscheidung erforderlich, ob die Geste von einem Mann oder einer Frau gemacht wurde (zur besonderen Körpersprache der Frau siehe Seite 79ff.) und welche Bedeutung ihr in unterschiedlichen Kulturkreisen beigemessen wird. Die Unterschiede bei manchen Gesten in verschiedenen Kulturen werden ab Seite 122 behandelt. Eine einfache Einteilung der Gesten erfolgt nach der Absicht, mit der sie verwendet werden.

Die verschiedenen Gesten

- Bittgesten sind passiv und erfolgen mit der Absicht, die eigene Hilflosigkeit zu zeigen und damit die Bitte glaubwürdiger zu machen. Offene Hände mit den Handflächen nach oben und leicht gekrümmten Fingern, als ob einem etwas aus den Fingern gleitet, unterstreichen eine Bitte.
- Beeindruckungs- und Drohgesten sollen die eigene Bedeutung hervorheben und andere vor einem Angriff warnen. Sie wirken daher aggressiv. Der ausgestreckte Zeigefinger ist eine solche Geste, deren Wirkung dadurch verstärkt wird, wenn sie direkt auf eine Person gerichtet ist und vielleicht sogar die intime Distanz des anderen durchbricht.
- Betonungsgesten sollen eine Aussage unterstreichen oder die Aufmerksamkeit eines anderen erzielen. Der erhobene Zeigefinger wird zum Beispiel in einer Gaststätte als Zeichen verstanden, dass man etwas bestellen möchte.
- Beschwichtigungsgesten sollen ein Gespräch aufrecht erhalten und eventuelle Störungen verhindern, weshalb sie beruhigend wirken. Für derartige beschwichtigende Gesten werden in der Regel beide Hände mit den Handflächen nach unten eingesetzt, die von oben nach unten gesenkt werden, wie um etwas Unangenehmes zu unterdrücken.

In der Gestik haben unsere Hände einen besonderen Stellenwert. Ob wir unsere Worte unterstreichen oder gar eine Drohung ausdrücken wollen - unsere Hände sprechen immer mit.

- Demonstrativgesten sollen das Gesagte bildhaft machen, indem sie beispielsweise die Umrisse eines besonders großen Gegenstandes in der Luft darstellen. Je nach Größe werden die Handflächen unterschiedlich weit voneinander gehalten. Bekannt ist das Beispiel des großspurigen Anglers, der auf diese Weise seinen erfolgreichen Fang beschreibt, natürlich auch, um sich selbst dadurch in den Augen der anderen zu »vergrößern«.
- Zeigegesten, die wie Drohgesten mit ausgestrecktem Zeigefinger auf einen Gegenstand oder eine Person zeigen, wirken aus ihrem verbalen Kontext heraus nicht bedrohlich und aggressiv, sondern sollen dem Gesprächspartner eine visuelle Hilfe geben. Sie respektieren immer den individuellen Raum des anderen.

Jemand, der auf die Sprache der Hände gänzlich verzichtet, ist eine monotone Persönlichkeit. Um eine Information engagiert zu vermitteln, bedarf es der Mitwirkung der Hände.

Was die Hände sagen wollen

Neben der jeweiligen besonderen Bedeutung gewisser Handbewegungen macht schon die Intensität deutlich, wie ernst wir bei der Sache sind. Starke Arm- und Handbewegungen lassen uns als einen engagierten und euphorischen Menschen erscheinen, in manchen Situationen wirken sie allerdings aggressiv.
Wenn wir auf Gesten verzichten oder sie nur sporadisch einsetzen, wirken wir unsicher, gehemmt oder zurückhaltend. Die Hände hinter dem Rücken oder in den Hosentaschen zu verbergen, gilt zwar gemeinhin als Zeichen der Lässigkeit und Passivität, letzteres zeugt jedoch zumindest bei offiziellen Anlässen von einem Mangel an Umgangsformen. Denn bewusst oder unbewusst versuchen wir durch diese Handhaltung offensichtlich etwas zu verbergen.

Die Haltung der Handflächen

Nach oben gehaltene Handflächen gehören fast immer zu den Bittgesten. Bilden die Handflächen bei ausgestreckten Armen eine Schale, dann ist dies eine besondere Form der Bitte. Weist die Handfläche nach oben und sind die Finger gespreizt, dann wirkt das Bitten eindringlicher; sind die Finger geschlossen, erscheint die Bitte sanfter. Ein deutliches Signal ist es, wenn wir unsere Handfläche senkrecht gestellt halten. Dann wirkt sie wie ein bildhafter Schlag, mit dem ein Problem gelöst werden soll. Je nach Intensität unserer Handbewegung wirkt die Geste abgeschwächt oder rigoros. Sind beide Handflächen senkrecht gehalten wie bei einem asiatischen Gruß, dann kommt es auf die Stellung der Finger an. Sind die Finger gespreizt, ist der andere lediglich engagiert bei der Sache. Sind die Finger geschlossen, kann dies neben Genauigkeit und Konsequenz auch eine Form der inneren Abgrenzung darstellen.

Zu den eindeutig aggressiven Gesten zählt die geballte Faust.

Weisen unsere Handflächen nach unten, wollen wir stets etwas abwehren oder unterdrücken. Solche Gesten werden durch das Spreizen der Finger in ihrer Wirkung noch verstärkt.
Ein noch stärkeres Zeichen der Anspannung und Aggression ist die geballte Faust, mit der (hoffentlich nur symbolisch) zugeschlagen werden soll. Es kann aber durchaus eine reine Verteidigungsgeste sein, die die eigene Kraft und Abwehrbereitschaft zeigen soll. Anspannung, Nervosität und Unruhe verrät eine krampfhaft geöffnete und geballte Hand. Wenngleich das Öffnen der Hand eine Geste der Entspannung darstellt, ist ein plötzliches Öffnen der Hand, wobei die Handfläche zum Körper weist, ebenfalls ein Abwehrzeichen, mit dem quasi etwas Unangenehmes verscheucht werden soll. Wenn wir uns förmlich die Hände reiben, wird dies je nach Situation als Zeichen der Schadenfreude und Genugtuung oder der Unsicherheit und Nervosität aufgefasst. Den eigenen Nacken mit den Händen zu reiben ist entweder eine bildliche Selbststärkung oder ein Zeichen der Unsicherheit und Angst.

Die Bedeutung des Händedrucks

In Mitteleuropa und in Nordamerika schüttelt man sich zur Begrüßung die Hände, in Ost- und Südeuropa meist noch von einem oder mehreren Wangenküssen begleitet. Dabei ordnet man der Intensität des Händedrucks durchaus gewisse Charaktereigenschaften zu. Die Art des Händedrucks soll zeigen, wer von den beiden der Über- oder Unterlegene sein soll. Im europäischen Raum ist der Handkontakt zur Begrüßung ritualisiert. Er verbindet freundliches Kontaktgewähren mit abschätzendem Händedruck, der zugleich ein Kräftemessen darstellt. In verschiedenen Grußritualen ist beispielsweise das Fassen am Unterarm oder das Handauflegen auf verschiedene Regionen des Körpers, wie dem Lendenbereich, den Schultern oder dem Haupt üblich. Als Gebärde des Segnens gilt das Handauflegen auf Distanz.

Der Druck und die Intensität des Händeschüttelns sind Maßstab für Gefühl, Sachlichkeit und Vitalität einer Person.

Was der Händedruck sagt

- Ein leichter und flüchtiger Händedruck gilt gemeinhin als Zeichen für eine schwächliche, zurückhaltende und desinteressierte Person, die nichts richtig anpacken kann.
- Ein fester und sicherer Händedruck wird als positives Erkennungsmerkmal für eine herzliche und selbstsichere Persönlichkeit gewertet, die auch dem anderen ihren Spielraum lässt.
- Ein starker und kräftiger Händedruck zeugt zwar von einer dynamischen und tatkräftigen Person, die von sich selbst überzeugt ist; er wird aber als rücksichtslos und aufdringlich empfunden.
- Ein Händedruck mit einer hohlen Hand gilt als unaufrichtig und wenig vertrauenswürdig.

Auf die Finger kommt es an

Bei den gerade beschriebenen Gesten und Gebärden spielen die Finger natürlich gleichfalls eine Rolle. So steht der Daumen für Macht, und der Zeigefinger kann als Waffe eingesetzt werden. Der Mittelfinger symbolisiert Stolz und Selbstwertgefühl und steht im sexuellen Zusammenhang für den Penis bzw. den Geschlechtsakt. Der Ringfinger steht für Gefühle, und der kleine Finger verdeutlicht die soziale Zuordnung. Diese symbolische Zuordnung der Finger ist den meisten Menschen unbekannt und deshalb bei vielen Gesten sehr aufschlussreich, da die Finger bei den Gesten unbewusst und somit unverfälscht verwendet werden. In anderen Ländern und Kulturen sollten Sie allerdings vorsichtig beim Gebrauch von eindeutigen Gesten sein. Ab Seite 122 stellen wir einige der weltweit gebräuchlichsten Gesten vor.

Der Daumen

Zeigen wir mit dem Daumen nach oben, dann geben wir unsere Zustimmung oder zeigen an, dass alles in Ordnung ist. Richten wir unseren Daumen nach unten, dann deuten wir unser Veto an oder wollen etwas unterdrücken. Eine sehr verletzende Geste ist das Zeigen mit dem Daumen auf jemand anderen, denn damit wird eine Missachtung oder Geringschätzung des Betroffenen ausgedrückt. Das Berühren der Daumen- und Zeigefingerspitze gilt zwar als Symbol für absolute Genauigkeit und in der Tauchersprache heisst es schlicht: »Alles in Ordnung«, in Deutschland und in einigen anderen europäischen Ländern hat diese Geste einen ganz anderen Gehalt, der äußerst beleidigend ist. Wenn man sich nicht absolut sicher ist, dass der andere das Zeichen richtig versteht, sollte man auf diese Geste lieber verzichten.

Der Zeigefinger

Der Zeigefinger wird meist in aggressiven Gesten verwendet. Ein nach oben gerichteter Zeigefinger dient in der Regel der Ermahnung oder dem Wunsch nach Beachtung. Wird der Zeigefinger ausgestreckt um auf einen Gegenstand zu zeigen, dann ist dies ein blosses Hinweiszeichen, wird er jedoch auf eine andere Person gerichtet, dann stellt er einen Angriff oder gar die erwünschte Erledigung des Gegners dar. Er kann aber auch als Zeichen der Anklage oder des Befehlens gebraucht werden. Pocht jemand mit dem gekrümmten Zeigefinger auf dem Tisch, so demonstriert er damit extreme Ungeduld und hackt förmlich auf dem anderen herum.

In zwei weiteren Gesten hat der Zeigefinger eine andere Bedeutung. Berühren wir unsere Nase mit dem Zeigefinger, signalisieren wir eine gewisse Unentschlossenheit oder eine noch nicht abgeschlossene Überlegung. In manchen Situationen erscheinen wir durch den Griff an die eigene Nase als mutlos. Öffnen wir mit dem Zeigefinger symbolisch den Hemdkragen, wirkt dies als Zeichen der Unruhe – wir brauchen Luft zum Atmen, um besser fliehen zu können. Genauso stellen wir eitle Überheblichkeit oder stolze Selbstüberschätzung zur Schau.

Der Mittelfinger

Der aufgerichtete Mittelfinger ist ein typisches Phallussymbol, mit dem die eigene männliche Potenz und damit Überlegenheit auf betont aggressive Art zur Schau gestellt wird. In abwertender Manier soll sie dem Gegenüber signalisieren, wie man im übertragenen Sinne mit ihm verfahren würde. Sexualität in diesem Kontext wird als Unterwerfung des anderen verstanden. Die Geste ist ursprünglich männlich dominiert, wird aber auch von sehr selbstbewussten Frauen gelegentlich eingesetzt.

Diese Geste wird überall gleichermaßen verstanden.

Der kleine Finger

Ein abgespreizter Kleinfinger, wie er oft beim Halten eines Glases gesehen werden kann, drückt den Wunsch nach Beziehung aus. Er gilt zugleich als Merkmal für eine verstiegene oder überspannte Persönlichkeit.

Das Gesicht und seine Mimik

Wann immer man mit jemandem ins Gespräch kommt, ist das Erste, worauf man instinktiv blickt, das Gesicht des anderen. Es enthält eine Fülle von körpersprachlichen Informationen, die wir bewusst und unbewusst verarbeiten. So meinen wir, im Gesicht des anderen auch das lesen zu können, was uns die Sprache verbirgt. Dies ist jedoch äußerst zweischneidig. Schließlich können wir unser Gesicht im Gegensatz zu den übrigen Körperteilen, die wir zur nonverbalen Kommunikation einsetzen, kontrollieren und bestimmte Gesichtsausdrücke ganz gezielt einsetzen, wenn sie uns in einer bestimmten Situation angemessen erscheinen. Wir können jemandem mit einem offenen Gesicht begegnen und ihm damit Zuwendung und unsere Bereitschaft zur Kommunikation signalisieren. All unsere Sinneseingänge sind dabei geöffnet, und wir lassen Außenreize in unsere Richtung zu. Umgekehrt bedeutet das Verschließen des Gesichtes die innere Abkehr vom anderen und die fehlende Bereitschaft, die Äußerungen eines anderen über seine Sinne aufzunehmen.

Der Eindruck kann täuschen

Das Gesicht ist durch seine Beherrschbarkeit hervorragend dazu geeignet, uns über wahre Sachverhalte und Gefühlszustände des anderen hinwegzutäuschen. Jemand kann beispielsweise »gute Miene zum bösen Spiel machen« oder uns durch ein falsches Lächeln hinters Licht führen wollen. Andere Körperteile hat der Mensch weniger unter Kontrolle. Diese verraten einen Falschspieler beispielsweise besonders leicht, da seine Bewegungen im Widerspruch zum gesprochenen Wort oder einem aufgesetzten Gesichtsausdruck stehen. Es gibt daneben aber auch eine willkürliche Mimik, die bei bestimmten Sinnesreizen einsetzt. So entspannen sich unsere Gesichtszüge beim Geschmack von Süßem zu einem Lächeln, während sie sich bei Saurem oder Bitterem verziehen.

Jeder einzelne Teil des Gesichts trägt zu unserer persönlichen Mimik bei: Stirn, Nase, Augen-, Mund- und Kinnpartie.

Die Grundtypen der Gesichter

Das Gesicht ist von einem Netz mit 23 Muskeln überspannt und gibt durch zahlreiche Details Aufschluss über die Befindlichkeit des Gesprächspartners. Dabei wird zunächst das Gesicht als Ganzes wahrgenommen, sofern nicht eine große Narbe, eine dicke Nase, eine Glatze oder sonst ein Detail stark hervortritt. Erst danach werden die Einzelheiten genauer beachtet. Auch wenn jedes Gesicht individuelle Züge trägt, unterscheidet die Ausdruckspsychologie drei Grundtypen von Gesichtern:

- Das Naturgesicht trägt die Spuren der Vererbung, Rasse und Konstitution, verrät aber nur wenig über die Individualität.
- Das Trachtgesicht entsteht aus der absichtlichen Veränderung des Naturgesichtes, um etwa die Zugehörigkeit zu einem besonderen Volk oder Stamm auszudrücken. Dazu zählen Haar- und Barttracht sowie Schminke und Schmuck. Inwieweit dies zum jeweiligen Menschen passt oder nur als Maske verwendet wird, hängt wohl auch von der Neutralität oder Voreingenommenheit des Betrachters ab.
- Das Erlebnisgesicht wird durch die Lebenserfahrung geformt. Der Verlauf von Falten und Furchen, in denen die Mimik zum Ausdruck kommt, gibt Aufschluss über den überwiegend positiven oder negativen Verlauf des Lebens. Aus naheliegenden Gründen sind deshalb die Gesichter von jüngeren Menschen weniger ausdruckskräftig als von älteren Menschen.

Die Fähigkeit, mit dem Gesicht Gefühlsregungen zu vermitteln, belebt es, lässt es sprechen, entspannt oder verzerrt es. Doch Vorsicht bei der Interpretation!

Vorsicht bei der Beurteilung

Bei der Analyse der einzelnen Gesichtspartien sollte man sich nicht von überkommenen Erklärungen leiten lassen, da sie zu einer krassen Fehldeutung führen können. Auch wenn beispielsweise einem Menschen mit hoher Stirn eher Intelligenz zugewiesen wird als einem Menschen mit fliehender Stirn oder ein stark ausgeprägtes Kinn als Zeichen von Willensstärke erachtet wird, gibt es für solche Einstellungen nicht den geringfügigsten wissenschaftlichen Beweis. Wenn sie sich dennoch so oft zu bestätigen scheinen, dann liegt das unter anderem daran, dass man sein Verhalten intuitiv auf seine körpersprachliche Einschätzung hin einstellt. Einen Menschen, dem wir aufgrund seiner hohen Stirn Intelligenz unterstellen, werden wir instinktiv anders gegenüber auftreten als einem Menschen, den wir für etwas beschränkt halten. Außerdem werden dieselben Aussagen aus dem Mund der beiden Menschen unterschiedlich aufgefasst und entsprechend der Vorurteile gedeutet, die wir bezüglich bestimmter Gesichtsstrukturen hegen.

Was die Kopfhaltung ausdrückt

Mit Ausnahme des Tastsinns, der sich durch die Nervenenden unter der Haut über den ganzen Körper erstreckt, sind alle anderen Sinne im Kopf konzentriert. Da wir unsere Umwelt über den Seh- und Geruchssinn sowie das Gehör wahrnehmen, deutet unsere Kopfhaltung an, wie wir sie wahrnehmen und uns in sie einfügen. Der Schädel als Gefäß des Gehirns steht bildlich dafür, wie es um unsere Geisteshaltung bestellt ist.

Dies hat sich in zahlreichen Redewendungen niedergeschlagen. Mit »er trägt den Kopf hoch« bezeichnen wir beispielsweise einen arroganten Charakter. »Er soll seinen Kopf hoch halten« gilt als Zuspruch für jemanden, der traurig oder unglücklich ist. Wem der Kopf verdreht wurde, der ist entweder verliebt oder nicht ganz bei Sinnen. Unsere Kopfhaltung spielt neben der Mimik eine wichtige Rolle bei der körpersprachlichen Interpretation.

Erhobener Kopf

Wenn wir unseren Kopf gerade erheben – das Kinn zeigt dabei nach vorne – und mit offenem Blick in die Welt schauen, dann vermitteln wir den Eindruck von Aufrichtigkeit, Geradlinigkeit und Selbstsicherheit. Wenn wir diese Haltung in besonders angestrengter Form einnehmen, dann wirken wir (vielleicht gewollt) arrogant und unnahbar.

Ein erhobener Kopf mit einem deutlich vorgeschobenen Kinn wird gemeinhin als Zeichen der Entschlossenheit und Durchsetzungskraft gesehen, hat darüber hinaus jedoch etwas Aggressives und Verächtliches an sich. Legen wir unseren Kopf leicht nach hinten, dann zeigen wir uns scheinbar gedankenlos, verträumt und etwas entrückt. Als ein herausforderndes Signal wird es verstanden, wenn wir den Kopf mit einer schnellen und ruckartigen Bewegung nach hinten werfen und so zeigen, dass wir uns nichts gefallen lassen. Wird diese sehr dominant wirkende Bewegung mehrmals hintereinander durchgeführt, kann sie als Aufforderung verstanden werden.

Der Ausdruck »den Kopf hängen lassen« ist sprichwörtlich für Zustände der Enttäuschung oder Niedergeschlagenheit, der Bedrückung oder Sorge. Ebenso kann es aber einfach nur eine Geste der Langeweile oder Müdigkeit sein.

Senkt jemand seinen Kopf nach vorn und streckt ihn dabei vor, dann zeigt er sich sehr interessiert und neugierig, als ob er uns in die Karten schauen wollte.

Gesenkter Kopf

Ein gesenkter Kopf, um dem anderen nicht ins Gesicht schauen müssen, war schon immer ein Zeichen der Unterordnung und Demut. Dies gilt auch heute noch, wenngleich es eher als schüchtern, schuldbewusst oder schamhaft betrachtet wird. Halten wir unseren Kopf nur leicht gesenkt, wirkt es als Zeichen unserer Nachdenklichkeit, Zustimmung oder unseres Interesses. Bei sozial höherstehenden Personen demonstriert ein gesenkter Kopf entgegenkommendes Wohlwollen und förmliche Freundlichkeit bei gleichzeitiger Dominanz.

Die Stellung des Kopfes ist ein deutliches Indiz dafür, ob wir bei unserem Gesprächspartner mit Abneigung, Widerstand oder Zustimmung rechnen können.

Die Neigung des Kopfes

Wie den beiden Gehirnhälften, den sogenannten Hemissphären, unterschiedliche Fähigkeiten zugeordnet werden, so wird der entsprechenden Neigung des Kopfes nach links oder rechts eine unterschiedliche Bedeutung beigemessen. Ist der Kopf nach links geneigt, scheint er Ausdruck einer zögerlichen Haltung zu sein, die jedoch beeinflussbar und lenkbar ist. Ein nach rechts geneigter Kopf gilt als Zeichen der Skepsis, also einer kritischen und prüfenden Analyse und Einschätzung der Situation.

Der linken Herzseite werden die Gefühle, die Fantasie und das Gestaltungsvermögen zugeordnet. Der rechten Seite wird der Verstand und die Fähigkeit zum abstrakten und analytischen Denken zugesprochen.

Kopfbewegungen

Schnelle oder ruckartige Kopfbewegungen sind immer ein leicht erkennbares und deutliches Zeichen für eine situationsbedingte Reaktion. So ist beispielsweise eine schnelle Aufrechtstellung des Kopfes aus einer seitlichen Neigung das Zeichen dafür, dass jemand nach einer abwartenden und abwägenden Anfangshaltung endlich zu einem Entschluss gekommen ist. Ein ruckartig und spontan zur Seite gedrehter Kopf bringt dagegen eine starke Ablehnung oder einen großen Widerwillen zum Ausdruck. Wird der Kopf seitlich abgewandt und nach hinten geworfen, signalisieren wir damit unsere Überraschung oder unser Wissen darum, dass der andere nicht die Wahrheit sagt oder zumindest stark übertreibt.

Welche Gesichtspartien man unterscheiden kann

Trotz aller Einschränkungen kann man einzelne Gesichtspartien voneinander unterscheiden und aus ihnen körpersprachliche Informationen erhalten. Sie spiegeln den Gemütszustand mehr oder weniger deutlich wider:

- Die Stirn gibt Auskunft über ablaufende Denkvorgänge. Eine in senkrechte Falten geworfene Stirn vermittelt den Eindruck der Konzentration; wird sie in waagrechte Falten gelegt, zeugt dies von Aufmerksamkeit.
- Die Augenbrauen sind körpersprachlich insofern von Bedeutung, weil ihre stetigen Bewegungen zur Bildung von Stirn- und Nasenwurzelfalten führen, deren Verlauf etwas über den grundlegenden Charakter aussagt. Darüber hinaus spielen sie sowohl beim so genannten Augengruß (Seite 46) als auch bei den verschiedenen Ausdrucksformen der Überraschung oder Aufmerksamkeit eine Rolle.
- Die Nasenflügel zeigen durch ihr Auf und Ab die Geschwindigkeit der Atmung an. Im erregten Zustand blähen sich die Nasenflügel aufgrund der beschleunigten Atmung, im entspannten Zustand sind sie hingegen flach.
- Die Mundpartie mit den Lippen ist der flexibelste Teil des Gesichtes. Sie kann durch ihre Stellung die ganze Bandbreite der Gefühle aus-

drücken. Diese reicht von Glück und Freude durch ein Lächeln über die teilnahmslose Gleichgültigkeit bis hin zu Schmerz, Wut und Feindseligkeit durch eine verzerrte Mundpartie. Bei der Mundpartie unterscheidet man wie bei der Stirnpartie zwischen situativ bedingten Mundbewegungen und solchen, die sich durch längere Erfahrungen als charakteristisch entwickelt haben. Dabei gilt allgemein, dass nach oben gezogene Mundwinkelfalten für einen positiv eingestellten Menschen sprechen, während nach unten zeigende Mundwinkelfalten auf einen eher negativ bestimmten Menschen hinweisen.

Unsere Gesichtszüge werden durch die jeweilige emotionale Verfassung bestimmt. Besonders die Partien um Mund und Kinn, Stirn und Augenbrauen spiegeln unsere Gemütslage wider.

- Die Kinnpartie wirkt im Zusammenspiel mit der gesamten Kopfbewegung und kann verschiedene Eindrücke hervorrufen.

Was die Falten auf der Stirn bedeuten

Die Stirnpartie verrät sich vornehmlich durch den Wurf von Falten, wobei man jedoch genau unterscheiden muss. Situationsbedingt auftretende Falten geben Aufschluss über eine momentane Befindlichkeit. Falten, die sich über Jahre hinweg in das Gesicht gegraben haben, geben hingegen Auskunft über grundlegende Charakterzüge eines Menschen.

Senkrechte, von der Nasenwurzel ausgehende Falten sind entweder ein Zeichen von angestrengter Konzentration oder für ein momentanes Unwohlsein, eine Enttäuschung oder gar Wut. Waagrechte Falten zeigen sich bei den verschiedensten Anlässen auf der Stirn. Es kann sich dabei sowohl um Konzentration handeln als auch um einen Ausdruck der Überraschung oder Verwunderung über etwas Unvorhergesehenes. Bei negativen Ereignissen verdeutlichen sie unsere innere Anteilnahme, den Schreck oder die Trauer.

Spiegel der Verfassung

Zeigen sich sowohl senkrechte als auch waagrechte Falten dauerhaft auf der Stirn, hat der Betroffene anhaltende Nöte und Sorgen auszustehen, schwere innerliche oder äußerliche Konflikte noch nicht überstanden oder über längere Zeit mit Krankheiten oder Angstzuständen zu kämpfen.

Eine faltenlose Stirn lässt gerade bei älteren Menschen innere Ausgeglichenheit und Gelassenheit vermuten. Daher ist auch das Verschwinden der Stirnfalten in einer bestimmten (Konflikt-)Situation ein leicht erkennbares Zeichen dafür, dass sich der andere beruhigt hat und die innere Anspannung einer Phase der Entspannung gewichen ist.

Was die Augenbrauen signalisieren

Wir heben unsere Augenbrauen aus unterschiedlichen Gründen und auf verschiedene Weise: kurz oder lang, schnell oder langsam.

Das schnelle Brauenheben wird als der so genannte Augengruß bezeichnet, bei dem es sich um den Ausdruck sozialer Kontaktbereitschaft handelt, der in allen Kulturen gleich verstanden wird. Er erfolgt nach dem hergestellten Blickkontakt zwischen zwei Menschen. Daraufhin wird meist der Kopf kurz angehoben, die Brauen etwa eine Drittelsekunde lang hochgehoben und gleichzeitig breitet sich ein Lächeln auf dem Gesicht aus. Abschließend nickt man üblicherweise.

Ursprünglich ist es der ritualisierte Ausdruck freudigen Erkennens, der zu den angeborenen Verhaltensweisen des Menschen gehört. Der Augengruß wird daneben eingesetzt beim Grüßen, Flirten, Zustimmen, Danken, Betonen und beim Schäkern und Scherzen mit kleinen Kindern.

Ausdrucksformen

Langsames Brauenheben ohne weitere Begleitbewegungen des Gesichts ist ein Ausdruck der Überraschung. Es geht meist mit einem erwartungsvollen Stillhalten, Blickkontakt und dem Anhalten des Atems einher. Das langsame Brauenheben kann jedoch genauso etwas Negatives offenbaren. Je nach Situation wird es als Zeichen des Unmuts, der Arroganz und der sozialen Ablehnung verstanden. Bei stärkerer Ablehnung wird der Kopf zusätzlich nach hinten geneigt, eine typische Gebärde des Hochmuts und der Hochnäsigkeit. Das Brauenheben gilt als Signal der Neugier, wenn suchende Kopf- und Augenbewegungen hinzukommen.

Gefühle des Unbehagens und der Ablehnung wie auch schlechte Gerüche lassen uns die Nase rümpfen.

Was Nase, Mund und Lippen sagen

Die Nase an sich kann nicht bewegt werden. Bei einer entsprechenden Bewegung der Gesichtsmuskeln wird die Nase gerümpft. Ansonsten lässt sie keine Rückschlüsse auf die momentane Befindlichkeit zu. Die aufgeblähten Nasenflügel sind stets ein Zeichen für Anspannung und erhöhte Alarmbereitschaft und können von herannahendem Zorn künden. Das Naserümpfen ist ein typisches Indiz für Unbehagen und Ablehnung.

Gerade aufgrund ihrer Unbeweglichkeit ist die Nase zu deutlichen Signalen fähig. Durch beschleunigte Atmung aufgeblähte Nasenflügel verraten z. B. Anpassung, Alarmbereitschaft oder Wut.

Mund und Lippen

Zahlreiche Muskeln um den Mund und die Lippen sorgen für die enorme Beweglichkeit und können daher eine Vielzahl an unterschiedlichsten Botschaften vermitteln. Sind die Mundwinkel unbewusst gesenkt, verraten sie Enttäuschung und Traurigkeit. Sind sie angespannt herabgezogen, deuten sie entweder auf Abfälligkeit, Spott oder Ekel hin oder drücken eine kritische Haltung aus. Angehobene Mundwinkel wie bei einem Lächeln sind dagegen die einfachste und überall auf der Welt verstandene Botschaft von Freundlichkeit, Wohlwollen und einer optimistischen Lebenseinstellung. Ist der Mund geöffnet, weiß man nicht weiter und ist für zusätzliche Hinweise offen. Dieser spontane Ausdruck kann auch durch eine Überraschung oder ein schreckhaftes Zusammenfahren ausgelöst werden. Wenn wir unseren Mund mit angespannten Lippen geschlossenen halten, vermitteln wir unsere Bereitschaft zum Handeln und zur Willensdurchsetzung. Pressen wir unsere Lippen zusammen, wirken wir verkrampft und geben der Umwelt ein Zeichen dafür, dass wir bereits den Rückzug erwägen. Stark aufeinandergepresste Lippen und zusammengebissene Zähne sind ein Signal für äußerste Anspannung, Angst und Aggressionsbereitschaft oder dafür, dass wir uns stark zusammenreißen. Zeigen wir die Zähne, ist das eine unverblümte Drohung und eine Zurschaustellung von Wut.

Die Zunge

Ein weiteres Kriterium für den jeweiligen Gefühlszustand eines Menschen sind seine Lippen und die Bewegungen der Zunge. Werden sie beispielsweise mit der kurz vorgestreckten Zunge befeuchtet, zeugt dies von Unruhe, Anspannung oder Unsicherheit. Es kann sich genauso um eine reflexartige Bewegung zur Befeuchtung der durch Stress trocken gewordenen Lippen handeln. Werden die Lippen hingegen ganz langsam und behutsam von der Zunge befeuchtet, ist das entweder ein Zeichen von Genuss oder aber von äußerster Konzentration auf eine scheinbar unlösbare Aufgabe.

Unser Gesichtsausdruck spiegelt unsere Stimmung wider und verrät, wie wir uns im Moment fühlen.

Was die Augen erzählen

Die Augen sind zweifellos das wichtigste körpersprachliche Ausdrucksmittel, das die ganze Bandbreite unserer Empfindungen widerspiegeln kann. Augen werden im allgemeinen als so aufschlussreich angesehen, dass man glaubt, durch ein bloßes Verdecken sein inneres Wesen verschleiern zu können. Wer sich vor anderen verbergen oder nicht eingeschätzt werden möchte, der fühlt sich beispielsweise mit einer Sonnenbrille wesentlich sicherer. Dem Gegenüber bleiben zur Deutung seines Gefühlszustandes jedoch noch der Rest seines Gesichtes und seiner Gestik.

Blicke haben aber auch ihre negativen Seiten. Keiner hat es gerne, wenn er angestarrt wird, und es gilt deshalb als unhöflich, andere anzustarren. Besonders unangenehm ist es, von jemandem beobachtet zu werden, dessen Augen wir selbst nicht sehen können, beispielsweise von einem Menschen mit Sonnenbrille. Als ob die Brille ihm Röntgenaugen verleihen würde, beschleicht uns ein Gefühl der Wehrlosigkeit, da wir nicht erkennen können, ob die Augen uns mit Wohlwollen betrachten oder abfällig auf uns herabschauen. Deshalb können wir auch nicht entsprechend mit einem Lächeln oder mit einem strengen Blick darauf reagieren.

Wahrnehmung erfolgt durch Blickkontakt. Dauer und Intensität zeigen an, ob eine Konfrontation stattfinden oder eine Beziehung entstehen wird.

Die Augen lügen nie

Wenn Sie die Blicke ihres Gesprächspartners nicht nur erkennen, sondern auch in der jeweiligen Situation besser verstehen wollen, dann achten Sie auf den Ausdruck seiner Augen, darauf, ob er Blickkontakt mit Ihnen hält und in welche Richtung sein Blick geht.

Die Bandbreite des Augenausdrucks wird allein schon daran deutlich, dass wir jemand mit unserem Blick »töten« können, indem wir ihn durchbohrend anblicken. Wir können mit unseren Augen aber auch schmeicheln, verführen oder freudig begrüßen. Insofern ähnelt der Blick eines Menschen einer Berührung mit der Hand und übertrifft diese sogar noch in ihrer Wirkung. Denn mit den Augen dringt man tiefer in den Menschen hinein als nur auf die Haut.

Was der Augenausdruck bedeutet

Unser Augenausdruck hängt zunächst von der Öffnung der Augen und der Weite der Pupillen ab. Normal geöffnete Augen geben uns die Möglichkeit, unsere Umwelt entspannt und doch umfassend aufzunehmen. Wenn wir unsere Augen aufreißen, tun wir es meist spontan aus der Situation heraus. Wir sind erstaunt, angenehm überrascht oder reagieren mit Schreck und Entsetzen. Weiten sich lediglich die Pupillen aus, zeigen wir große Anteilnahme und Aufmerksamkeit am Geschehen. In der Zweisamkeit ist dieser Ausdruck ein deutlicher Hinweis auf das Interesse am anderen.

Sind die Augen durch das Oberlid zum Teil abgedeckt, kann man dies leicht als Zeichen der Unaufmerksamkeit und Langeweile verstehen. Die halb geschlossenen Augen signalisieren förmlich eine mangelnde Aufnahmebereitschaft. Verdecken wir unsere Augen jedoch ein wenig und verengen gleichzeitig die Lidspalte, entsteht der gegenteilige Ausdruck: Wir verengen unser Gesichtsfeld, um uns auf etwas Bestimmtes zu konzentrieren, das wir nicht mehr aus den Augen lassen. Sind die Augen nur noch durch Sehschlitze zu erkennen und das Gesicht ist angespannt, durchbohren uns die Augen förmlich wie Pfeile des Misstrauens oder Hasses.

Das einseitig kurz zugekniffene Auge kann in der Zweisamkeit zum Flirten dienen oder in der Gesellschaft ein stilles Kommunikationsmittel sein, um sich gegenseitig heimlich zu verständigen. Wer beide Augen zukneift, will etwas nicht sehen, weil er sich davor schützen möchte.

In den Augen des anderen erkennen wir die ganze Bandbreite der Gefühle. Nicht umsonst heißt es: »Wenn Blicke töten könnten…«

Dauer und Häufigkeit des Blickkontaktes sagen stets etwas über das Verhältnis zum jeweiligen Gesprächspartner aus.

Fehlender Blickkontakt im Gespräch ist oft ein Zeichen von Unsicherheit. Direkter Blickkontakt signalisiert hingegen Offenheit, Interesse oder gar Zuneigung.

Was der Blickkontakt sagt

Sich im Gespräch gegenseitig anzusehen ist nicht nur eine Frage des guten Benehmens, sondern dient vor allem der gegenseitigen Bestätigung im Gesprächsverlauf. Man möchte signalisieren: »Ich bin noch interessiert, rede ruhig weiter.« Nicht immer fällt es uns leicht, dem anderen gerade in die Augen zu schauen. Sei es, weil wir Unangenehmes besprechen oder eigentlich nicht hier sein wollen. Wohin unser Blick fällt oder ob wir ihn schweifen lassen, verrät etwas über das Verhältnis zu unserem Gesprächspartner. Gleichzeitig lässt sich aus dessen Blicken einiges über seine Empfindungen herauslesen.

Durch Blicke und Blickkontakte können wir – bewusst und unbewusst – Absichten, Empfindungen und Emotionen deutlich machen.

Prinzipiell muss man vorweg schicken, dass die Häufigkeit des Blickkontaktes auch von der körperlichen Distanz der Gesprächspartner abhängt. Je näher man beieinander steht, desto geringer wird die Dauer des direkten Blickkontakts während des Gesprächs.

Fehlender Blickkontakt bei einer Unterhaltung ist ein Zeichen für die Unsicherheit oder Befangenheit unseres Gegenübers. Dies kann verschiedene Ursachen haben: Scham oder Schuld wie auch Überheblichkeit, Abwehr oder mangelnde Übereinstimmung zwischen Gesagtem und Gedachtem. Versucht jemand, unseren Blicken auszuweichen, fühlt er sich uns möglicherweise unterlegen und würde am liebsten fliehen. Ist der Blickkontakt im Gespräch immer wieder nur kurz, zeugt dies von Interesse bei gleichzeitiger Schüchternheit und Unsicherheit, die vor allem im Gespräch mit Unbekannten auftreten kann. Ein längerer Augenkontakt signalisiert uns nicht nur Interesse und Selbstsicherheit des Partners, sondern dient ferner der Betonung des Gesagten und der Beobachtung einer darauf folgenden Reaktion. Ein sehr langer Blickkontakt setzt in der Regel ein offenes und vertrautes Verhältnis voraus.

Der Blickkontakt im Geschlechtervergleich

Zu den körpersprachlichen Unterschieden von Frauen und Männern gehört im Verlauf einer Kommunikation der Blickkontakt. Frauen sehen sich im Gespräch öfter an als Männer. Dies liegt zum einen daran, weil sie sich und ihr Gegenüber im Gesprächsverlauf überprüfen wollen, um sich daran zu orientieren. Zum anderen wollen sie zudem ihre Wirkung auf die Gesprächspartner im Auge behalten und suchen darin nach Zustimmung. Wenn Frauen im Gespräch Blickkontakt halten, dann gesteht man ihnen damit zu, dass sie interessierte und sensible Zuhörerinnen sind. Bei Männern hingegen kann ein zu starker Augenkontakt im Gespräch mit anderen Geschlechtsgenossen leicht als Aggressivität aufgefasst werden. Im Gespräch mit Frauen hingegen wird es schnell als aufdringlich oder sexueller Annäherungsversuch empfunden. Daher sind Männer gut damit beraten, Sensibilität beim Augenkontakt im Gespräch walten zu lassen, um nicht als aggressiv oder aufdringlich zu erscheinen.

Bisweilen kann der intensive Blickkontakt als aufdringlich empfunden werden.

Die Wirkungsweise der Mimik

Die fünf Gesichtspartien – Stirn, Augenbrauen, Nase, Mund und Kinn – entfalten im Zusammenspiel mit den Augen ihre volle Wirkung. Das Mienenspiel des Menschen kann man prinzipiell in zwei Grundstellungen einteilen:

- Das unbewegte Mienenspiel eignet sich besonders gut, um die grundlegenden Wesenszüge eines Menschen zu analysieren, da im ruhigen Gesicht vor allem diejenigen Falten, Furchen und Mundwinkelzüge zur Geltung kommen, die sich erst im Laufe der Zeit in das Gesicht eingeprägt haben. War das Leben positiv, so zeigen etwa die Mundwinkel nach oben, und es sind kaum Falten sichtbar. War das Leben durch Sorgen und Nöte gezeichnet, spiegelt sich dies in entsprechenden Falten und nach unten gezogenen Mundwinkeln wider. Jeder Mensch kann intuitiv erkennen, ob das Gesicht von Angst, Wut, Trauer, Enttäuschung oder Erschöpfung geprägt ist oder ob sich darin Freude, Optimismus oder Wohlbefinden widerspiegeln.
- Das bewegte Mienenspiel mit seinen sich häufiger wechselnden Gesichtsausdrücken ist eher dafür geeignet, die aus der jeweiligen Situation entspringenden Empfindungen und Gefühlsregungen zu erfahren. Dies betrifft sowohl die einzelnen Gesichtspartien als auch ihr Zusammenspiel als Ganzes. Allein schon die Intensität des Mienenspiels gibt Aufschluss darüber, wie temperamentvoll oder zurückhaltend eine Person ist. Das Mienenspiel kann zwar teilweise aufgesetzt sein, aber nur die wenigsten Menschen sind wirklich völlig in der Lage, ihre wahren Gefühle auch körpersprachlich zu verbergen.

Für den aufmerksamen Beobachter ist besonders der Wechsel zwischen unbewegter und bewegter Miene bedeutungsvoll. Erkennbare Widersprüche sind meistens nicht nur einmalige Ausrutscher, sondern sagen vielmehr etwas über die charakterlichen Grundzüge eines Menschen allgemein und sein Verhalten in speziellen Situationen aus.

Eine unbewegte Miene zeigt viel von den grundlegenden Wesenszügen eines Menschen.

Verlierer- und Gewinnergesicht

Bei Kindern lassen sich im Spiel sehr gut zwei Mienenspiele unterscheiden, die später beim Erwachsenen nur noch in abgeschwächter Form erscheinen, im Grunde aber dasselbe aussagen. Wer wird aus einer Auseinandersetzung als Gewinner hervorgehen, und wer wird den Kürzeren ziehen?

- Verlierer- oder Minus-Gesicht: zusammengezogene Augenbrauen, leicht zusammengekniffene Augen, eingezogener Hals, auffallend nach unten fallendes Kinn.
- Gewinner- oder Plus-Gesicht: hochgezogene Augenbrauen, weit geöffnete Augen, entschlossen nach vorne gereckter Hals, auffallend nach oben gerecktes Kinn. Dieser Gesichtsausdruck ähnelt dem Dominanzgebahren der Tierprimaten. Wenn ein Kind seinen Gegner auf diese Weise anblickt, geht es meistens als Sieger aus dem vorausgegangenen Konflikt hervor, denn es bremst so die Aktivitäten seines Rivalen.

Beim Erwachsenen wird man die vollen Plus- und Minusgesichter nicht mehr in dieser Form wahrnehmen, sondern in abgeschwächter Weise. Hier spielt die Bedeutung der Kinnhaltung eine große Rolle.

Der übrige Körper

Neben den Gliedmaßen und dem Gesicht haben auch die anderen Teile unseres Körpers mehr oder weniger aktive Möglichkeiten, körpersprachlich zur Geltung zu kommen. Dazu gehören die Haut, das größte Organ des Menschen, der Rumpf mit Brustkorb und Bauch sowie der Hals- und Nackenbereich.

Die Haut – Grenze und Schutz unseres Körpers

Die Haut ist für den Außenstehenden ein nur schwer zu beobachtendes körpersprachliches Indiz. Dennoch gibt sie Signale von sich. Angenehme Gefühle führen zur Entspannung der Haut, zur Öffnung ihrer Poren und zu ihrer Ausdehnung, als wollte sie so viel wie möglich von der positiven Wirkung aufnehmen. Dagegen verursachen unangenehme Gefühle ein Zusammenziehen der Haut und führen zur Schließung der Poren, als ob sie sich gegen die äußere Unbill undurchlässig machen würde.

Kontakt zu anderen

Freundliche Berührungen wie Streicheln, Tätscheln, Kraulen, Auflegen der flachen Hand und Umarmungen entstammen dem Repertoire der Mutter-Kind-Signale. Sie sind gleichermaßen im körpersprachlichen Alltagsrepertoire der Erwachsenen zu finden. Jeder körperliche Kontakt hat eine beruhigende Wirkung. Am deutlichsten ist dies erkennbar an einer Geste des Trostes. Ein Mensch wird in die Arme geschlossen, und darf sich wie ein Kind an der Brust des anderen bergen und sich vielleicht festhalten. All diese Gesten können wir bei den Primaten beobachten. An sich ist die Berührung das wirksamste und deutlichste Verfahren der Körpersprache, denn die Haut steht darüber hinaus symbolisch für die Kontaktfreudigkeit eines Menschen. Je näher man andere an sich heran lässt, ohne sich bedroht zu fühlen, desto selbstsicherer und kontaktfreudiger ist man. Dies hat nicht nur etwas mit der Gefühlsebene zu tun, sondern ist auch auf den Bereich des Verstandes übertragbar. Denn wir berühren den anderen schließlich nicht allein durch körperlichen Kontakt, sondern zunächst einmal durch das, was wir ihm sagen. Wenn wir trotzdem jemand anderen in den Arm nehmen, um ihn je nach Situation zu begrüßen, zu trösten oder zu beglückwünschen, dann sagt dies mehr als tausend Worte.

Eine herzliche Umarmung setzt ein freundschaftliches oder intimes Verhältnis zwischen zwei Menschen voraus.

Die Berührung eines anderen im Gespräch zeigt eine gewisse Vertrautheit. Ob eine solche Geste angebracht ist oder eventuell als respektlos und aufdringlich empfunden wird, hängt von der jeweiligen Situation und Umgebung ab.

Was Berührungen bedeuten

Wer beispielsweise im Gespräch den Arm oder die Schulter des anderen berührt, vermittelt eine lebendigere Botschaft, als er es mit Worten tun könnte. Er zeigt dadurch seine deutliche Teilnahme und sein Zutrauen zum anderen. Bei einem Erwachsenen gilt zu berücksichtigen, wann in der Konversation und wo er den anderen berührt, ohne ihn dabei emotional in die Enge zu treiben oder die Grenzen der Schicklichkeit zu überschreiten. Kleine Kinder dahingegen dürfen und sollen alle Gegenstände in ihrer Umwelt berühren. Jede Berührung bedeutet für sie einen Zuwachs an Erfahrung und ein Kontakt zu Bezugspersonen. Wird das Kind selbst gestreichelt, erfährt es dies als Nähe und Zutrauen. In gewissem Sinne sind uns diese Muster als Erwachsene erhalten geblieben.

Das unbewusste Streicheln von Gegenständen um uns herum, zum Beispiel einer Sessellehne, signalisiert dem anderen, dass diese Person sich einsam fühlt und sich nach Nähe sehnt. Geistig behinderte Menschen haben gerne etwas Weiches um sich, um es anzufassen oder zu streicheln; dies ist als Ausdruck der Suche nach Wärme zu deuten. In der Regel ist es bei Erwachsenen in unserem Kulturkreis verpönt, sein Gegenüber ständig zu berühren. Ein solches Verhalten wird als distanz- und respektlos und eben als kindisch empfunden.

Das Streicheln der eigenen Haut während eines Gesprächs, seien es die eigenen Fingerspitzen oder das Drehen eines Gegenstandes zwischen den Fingern, muss nicht unbedingt ein Zeichen der Nervosität sein. Vielmehr versucht man, durch dieses Streicheln die eigene Wahrnehmungsfähigkeit unbewusst zu erweitern. Jede Körperfaser soll sensibilisiert sein, um alle Signale des Gegenübers aufnehmen und verarbeiten zu können.

Die Berührung des eigenen Körpers

Über das bloße Streicheln der eigenen Haut hinaus kann man bei vielen Menschen beobachten, dass sie sich selbst intensiv berühren. Dieser so genannte Selbstkontakt kann darin bestehen, dass man seine Hände fest umschlungen ums Knie legt, die Arme fest vor der Brust verschränkt oder die Beine übereinander schlägt. Solche Berührungen des eigenen Körpers geschehen oft unbewusst und stellen eigentlich nichts anderes als eine Art Selbstgespräch dar, in dem man sich über diese Berührungen mit sich selbst unterhält. Folglich enthalten solche Selbstkontakte auch eine Botschaft, die Sie als außenstehender Beobachter verstehen können. Oft wirken diese Stellungen auf andere wie eine Festung, in die man sich gerne einigeln möchte, um sich selbst quasi das Gefühl des Schutzes und der Geborgenheit zu vermitteln. Diese Art von Selbstkontakt tritt deshalb vor allem in Situationen auf, in denen man sich unwohl oder unsicher fühlt, weil man sie vielleicht das erste Mal erlebt oder man sich vor dem anderen keine Blöße geben will. Da man sich selbst aber für zu schwach hält, andererseits kein anderer da ist, der einem Zuspruch geben könnte, gibt man sich diese Unterstützung eben selbst - über die Berührung des eigenen Körpers.

Selbstkontakt als Trostspender

Die Berührung des eigenen Körpers hat nachweislich einen beruhigenden Effekt. Dies wird bei einigen typischen Haltungen besonders deutlich: das Festhalten der einen Hand mit der anderen oder an die Schläfen gehobene Finger. Solche Haltungen geben das Gefühl des Aufgehobenseins, wenn man beispielsweise die eine Hand in der anderen hält, und sind außerdem sehr symbolisch.

Wir suchen immer wieder den Kontakt mit unserem eigenen Körper.

Als Kind waren es in der Regel die Eltern, die einem das Gefühl von Sicherheit und Wärme vermittelt haben. Solche Schutzaufgaben übernimmt man als Heranwachsender allmählich selbst, bevor man als Mann oder Frau (Vater oder Mutter) selbst als Beschützer auftritt. Deshalb fehlt dann oft die Quelle der durch Körperkontakt fühlbaren Unterstützung, zumal die Berührung eines anderen Menschen auch in unseren Breitengraden meist immer noch gesellschaftlich tabu ist.

Ein Zeichen der Entspannung

Neben Körperkontakt als Trost oder Unterstützung gibt es zudem noch Momente der Berührung des eigenen Körpers, in denen das Gefühl der Entspannung und Ausgeglichenheit demonstriert wird. Dazu gehört die Haltung mit hinter dem Kopf verschränkten Händen. Einen wesentlich erotischeren, da zärtlichen Einschlag hat die Berührung des eigenen Ohrläppchens.

Der Nacken

Der Nacken ermöglicht dem Kopf seine Bewegungen und ist damit ein Zeichen für unsere Offenheit und Beweglichkeit. Je steifer wir den Nacken halten (Stiernacken), desto unbeweglicher wirken wir, so als ob wir nur ein Ziel hätten, auf das wir geradewegs zustürmen. Die Nackenbewegungen wirken natürlich auf den Hals. Dieser ist durch Kehle und Halsschlagader eine der empfindlichsten Körperstellen und wird ebenso wie der Bauch instinktiv geschützt. Wann immer wir den Hals freilegen, in dem wir das Kinn heben oder den Kopf zur Seite legen, zeigen wir unsere Furchtlosigkeit und Selbstsicherheit. Da der Blick dann wie von selbst von oben nach unten erfolgt, enthält diese Haltung bisweilen etwas Provozierendes und Arrogantes. Gleichzeitig liegt etwas Vertrauensvolles in dieser Bewegung: Man gibt dem anderen den Hals preis – im Vertrauen darauf, dass er nicht zubeißt. Demgegenüber wirkt das vor den Hals geschobene Kinn und der gesenkte Kopf wie eine natürliche Verteidigungsstellung. Eine bei Frauen häufiger als bei Männern zu beobachtende Haltung ist das Legen von einer Hand an den Hals. Indem man den Hals mit der darunter liegenden Halsschlagader schützt, soll eine Unsicherheit symbolisch verdeckt werden.

Der Brustkorb

Unser Brustkasten ist dank seiner Rippen der Schutzwall für Herz und Lunge, die unser Energiezentrum bilden. Wenn wir unsere Lungen mit Atemluft vollsaugen, nehmen wir Sauerstoff zu uns und stärken unsere Energie. Atmen wir hingegen nur flach, verringern wir unsere Energie. Deshalb sind vollgepumte Lungen und ein geschwellter Brustkasten immer dann körpersprachlich von Bedeutung, wenn dies zur Unterstreichung der eigenen Vitalität (vor allem beim Imponierverhalten) nötig ist. Die Haltung des Brustkastens ist zudem für das einfache Atmen und die Tonlage der eigenen Stimme von Bedeutung. Eine eingefallene Brust kann nicht so viel Sauerstoff aufnehmen, daher wird auch die Stimme nicht ihre volle Wirkung entfalten. Den Atem anzuhalten ist vor allem ein Zeichen der Überlegung, das selbst vor trivialen Entscheidungen zu beobachten ist.

Der Bauch

Der Bauch mit den darunter liegenden Weichteilen ist der zarteste Teil unseres Körpers und gehört neben dem Hals zu den gut durchbluteten Stellen, die wir instinktiv schützen. Je offener und ungeschützter wir also unseren Mittelkörper zeigen, desto selbstsicherer wirken wir auf unsere Umwelt. Das betrifft sowohl die räumliche Distanz zum anderen als auch unsere Körperhaltung. Stehen wir offen vor ihm, sind wir uns sicher, stehen wir nur seitlich oder abgewandt, dann brauchen wir ohnehin keinen direkten Schutz. Durch den Schutz unserer empfindlichen Stellen schränken wir natürlich unsere eigene Beweglichkeit und Ausdrucksfähigkeit ein, da wir Arme und Beine für bloße Schutzbedürfnisse einsetzen und nicht für unterstreichende Gesten.

Ein durchtrainierter Oberkörper signalisiert Vitalität und Selbstbewusstsein.

3 Warum wir mit dem Körper sprechen

Um die Körpersprache eines Menschen richtig verstehen und analysieren zu können, müssen wir uns nicht nur mit der Gesamtheit der Persönlichkeit, die sich uns präsentiert, auseinandersetzen. Ein Mensch beherrscht immer zweierlei Arten der Körpersprache. Die eine ist anerzogen und umfasst den ganzen Apparat an Benimmregeln, die für den gesellschaftlichen Umgang mit anderen notwendig sind. Dazu kommen angeborene Verhaltensweisen, die allen Menschen gemeinsam sind und über kulturelle Schranken hinweg von jedem verstanden werden.

Der körpersprachliche Ausdruck eines Menschen setzt sich aus Haltung, Gestik und Mimik zusammen und wird von angeborenen und erlernten Verhaltensweisen bestimmt.

Anerzogene Körpersprache

Durch das richtige Verhalten in der Gesellschaft mit anderen Menschen beugen wir Raumverletzungen vor, vermeiden aggressive Gesten oder zeigen hierarchische Niveauunterschiede. Die meisten dieser Regeln lernen wir bereits als Kinder. Dazu gehören Verhaltensweisen wie andere Menschen nicht anzustarren, nicht mit dem Finger auf jemanden zu zeigen, bei bestimmten Anlässen nicht aufzustehen oder sich zu setzen, sich in der Öffentlichkeit nicht an den Genitalien zu berühren oder am Po zu kratzen, nicht in der Nase zu bohren, aufrecht zu sitzen, keine Grimassen zu schneiden, und sich bei der Begrüßung die Hand zu geben.

Kulturelle Unterschiede

Diese gesellschaftlich normierten Gesten können in verschiedenen Ländern und Kulturkreisen eine ganz unterschiedliche Bedeutung haben. In Italien sieht das Abschiedswinken beispielsweise so aus wie bei uns die Aufforde-

Eine Dominanzgeste, die man auch bei Kindern nicht gerne sieht, ist das Zeigen mit dem Finger auf andere.

rung herzukommen. Sie können durchaus missverstanden werden. All diese Gesten sind uns nicht angeboren und waren im Laufe unserer Stammesgeschichte nicht unbedingt notwendig, um in der Gruppe zu bestehen und zu überleben. Doch erweitern sie den nonverbalen »Wortschatz« an Signalen, die wir aussenden, um bestimmte Ziele, die wir uns im Umgang mit anderen setzen, besser zu erreichen.

Angeborene Körpersprache

Im Gegensatz zu den erlernten Gesten steht die angeborene Körpersprache. Bei diesen grundlegenden körpersprachlichen Äußerungen handelt es sich um Verhaltensweisen, die uns im Laufe der so genannten stammesgeschichtlichen Anpassung über kulturelle Schranken hinweg als Menschen gemeinsam sind. Diese körpersprachlichen Signale versteht ein Yamomami-Indianer aus dem tropischen Regenwald genauso gut wie ein Chinese oder ein Mitteleuropäer, die in einer völlig anderen Zivilisation aufgewachsen sind. Ein Baby kann sie ebenso verstehen wie ein Erwachsener. Da dieser in der Regel bereits eine Erziehung hinter sich hat und entsprechend kulturell deformiert ist, das heißt, dass die angeborenen Signale teilweise durch anerzogene ersetzt oder verändert wurden, lassen sie sich bei kleinen Kindern besonders gut beobachten. Diese Signale betreffen unser Werbe-, Revier- und Territorialverhalten und bestimmen daneben, welchen Partner wir uns wählen, welche gesellschaftliche Hierarchiestufe wir einnehmen und wie selbstbewusst und stark wir uns fühlen.

Die Grundlage der Kommunikation

Heute helfen uns diese Verhaltensweisen dabei, bestimmte gesetzte Ziele besser zu erreichen, indem wir sie in einen Gesamtkontext aus Körpersprache und Gespräch setzen. Die angeborenen Reaktionen kann keiner in der Kommunikation ignorieren. Sie bilden die Grundlage für jedes weitere menschliche Miteinander. Gemeinsam mit den aufgepfropften gesellschaftlichen Benimmregeln entwickelt jeder von uns eine ganz persönliche individuelle Körpersprache, in der er neben den Signalen, die er unbewusst setzt, auch eine ganze Reihe bewusst gesteuerter Zeichen setzen kann. So kann man Gefühle vortäuschen oder verschleiern. Man ist durch die entsprechenden körpersprachlichen Signale gleichfalls in der Lage eine Persönlichkeit vorzugeben. Für den genauen Beobachter wird diese Art der Darbietung, die immer von einem hohen Grad der Anspannung und von Tempo begleitet wird, jedoch durchsichtig, wenn er sich mit der Persönlichkeit des anderen Menschen beschäftigt. Denn Körpersprache besteht zugleich zu einem großen Teil aus individuell angelernten Darbietungstaktiken. Daher ist es auch kaum möglich, jemanden auf den ersten Blick genau einzuschätzen. Man kann von der Körpersprache auf eine ganze Reihe von Charakterzügen schließen, aber sicherlich nicht auf alle.

Angeborenes und erlerntes Verhalten

Bestimmte Formen der Kommunikation sind allen Lebewesen angeboren und haben den Zweck, die Art oder die Gattung zu erhalten. Auch wenn wir im Laufe unserer Entwicklung unser körpersprachliches Repertoire enorm erweitert haben, so reagiert unser Körper in bestimmten Situationen doch immer gleich und beinahe reflexhaft. Um mit der Flut an Informationen fertig zu werden, benötigen wir diese angeborenen Verhaltensweisen, die sich in unmissverständlicher Körpersprache ausdrücken, um besser im Leben zurechtzukommen oder gar das eigene Überleben zu sichern.

Bei Primaten und Menschen finden sich Ähnlichkeiten im Verhalten wie auch Parallelen in der anatomischen Struktur.

Unser stammesgeschichtliches Erbe

Es ist aufgrund der nicht immer eindeutig zu ziehenden Grenze schwierig zu differenzieren, welche Anteile des Verhaltens angeboren und welche anerzogen sind. Doch gibt es bestimmte körperliche Ausdrucksweisen, die in allen Kulturen gleich verstanden werden. Genauso bestehen Ähnlichkeiten zwischen Ausdrucksformen von Völkern, deren Sozialorganisation der unserer Vorfahren ähnelt. Denn die soziale Organisation des Menschen in Herden hat zur Herausbildung bestimmter körpersprachlicher Ausdrucksformen geführt, die sich um das Bindungs-, Aufzucht-, Territorial- oder Dominanzverhalten drehen. Gerade an Dominanzgesten lassen sich zahlreiche Überreste primitiver körperlicher Auseinandersetzung feststellen. Schließlich dreht sich unser soziales Leben um die Über- oder Unterordnung in der Kommunikation, selbst wenn wir davon überzeugt sind, wir wären gleichberechtigt.

Wir verfügen über ein uns vorgegebenes Repertoire von Signalen und sind in der Lage, eine Reihe dieser Signale aufgrund uns angeborener Auslösemechanismen zu verstehen. Für die Steuerung des sozialen Zusammenlebens kommt ihnen große Bedeutung zu. Unter anderem verdanken wir ihnen die Fähigkeit, uns über kulturelle Barrieren hinweg verständigen zu können, selbst wenn wir die Sprache des anderen nicht verstehen. Als Menschen gehören wir zu einer stammesgeschichtlichen Familie.

Unser Verhalten ändert sich – durch neue Einsichten, Anschauungen, Überzeugungen oder Menschen, die uns beeinflussen oder beeindrucken.

Die bedingten Reflexe

Die Anwort auf ein soziales Signal kann wie ein Reflex erfolgen. Das heißt, unser Körper reagiert auf einen bestimmten Reiz automatisch, ohne dass der Wille oder das Bewusstsein dabei mitwirken.

Wir kennen einfache Reflexe, bei denen nur ein Muskel oder eine Muskelgruppe aktiviert wird, beispielsweise den Augenreflex. Jedem ist der so genannte Kniesehnenreflex ein Begriff, der durch das Anticken der Kniescheibe mit einem Hämmerchen ausgelöst wird. Andere Reflexe sind wichtig für das Verhalten in der Umwelt. Bei bestimmten koordinierten Reflexbewegungen reagieren mehrerere Muskelgruppen, um sowohl ein Flucht- oder Abwehrverhalten als auch die Fortbewegung zu ermöglichen.

Die angeborenen Verhaltensweisen werden im Laufe des Lebens durch das jeweilige kulturelle Umfeld geprägt. So entwickelt jeder Mensch seine ganz individuelle Körpersprache.

Ebenso wird die Haltung der Glieder, des Rumpfes und des Kopfes reflektorisch von vielen Rezeptoren beeinflusst, die ihren Sitz in der Haut, den Muskeln, Sehnen und Gelenken (dem so gannnten kinästhetischen Sinnesorgan), im Labyrinth des Ohrs und im Auge haben. So antworten wir unmittelbar auf das Lächeln eines anderen Menschen mit einem Gegenlächeln. Wenn wir einen Schlag gegen den Kopf erwarten, weichen wir aus, wenn uns grelles Licht ins Auge fällt, kneifen wir die Augen zu oder heben schützend die Hand vors Gesicht.

Bewusst gelenkte Körpersprache

Neben dieser »automatischen« körpersprachlichen Ebene, die jeder von uns verstehen kann, gibt es die bewusst gesteuerte. Schließlich können wir körpersprachliche Zurückhaltung üben und unser Verhalten nach bestimmten Zielen ausrichten, wie etwa dem Willen, keine Gefühle zu zeigen, weil man kühl, unnahbar und dominant erscheinen möchte. Es gibt eine ganze Reihe derartiger Reaktionen.

Normalerweise passen wir in Gesellschaft unser Verhalten dem der anderen an. Es wird von einem universellen Regelsystem aus körpersprachlichen Gesten gesteuert. Insofern sind wir den Tieren immer noch sehr ähnlich. Nur steht ihnen eine verbale Sprache nicht zur Verfügung. Dies macht das menschliche Verhalten in gewisser Art und Weise origineller, aber zugleich weniger leicht durchschaubar, denn nicht selten können Worte die »ehrlichen« körpersprachlichen Signale verschleiern.

Eine Kombination von Gefühlen

In der körpersprachlichen Kommunikation bilden Sender und Empfänger eine so genannte funktionelle Einheit, die sich nur auf den Austausch von Informationen über den jeweiligen Gefühlszustand bezieht. Besonders bei Kindern lassen sich diese vererbten körpersprachlichen Signale gut beobachten. Denn mit zunehmendem Alter können wir unsere Ausdrucksbewegungen, die wir nach außen zeigen, immer mehr von unseren wahren Gefühlen abkoppeln. Das heißt, wir können unsere Körpersprache zum Teil bewusst einsetzen.

Im Laufe unseres Lebens lernen wir, Körpersprache und ihre Signale bewusst einzusetzen. Wir können unser körpersprachliches Verhalten bewusst an bestimmten Zielen, die wir verfolgen, ausrichten – sei es im Berufsleben oder beispielsweise beim Werbeverhalten.

Wenn wir andere Menschen beobachten und ihre Verhaltensweise analysieren möchten, müssen wir stets davon ausgehen, dass wir nicht nur ein Gefühl in Reinform präsentiert bekommen, sondern vielmehr eine Gemengelage aus verschiedenen sich überschneidenden Gefühlen. Das macht die Analyse nicht unbedingt einfacher. Doch ist unsere Wahrnehmung von Natur aus auf die Erkennung gleichzeitig auftretender Gefühle ausgerichtet.

Der Gesichtsausdruck

Für eine Reihe von Gesichtsausdrücken des Menschen finden wir Vergleiche bei Schimpansen und anderen Primaten. Dazu gehört beispielsweise das Spielgesicht: das entspannte Mund-offen-Gesicht. Es leitet sich aus einem Zustand spielerischen Zubeißens ab, den man auch bei anderen Tieren beobachten kann. Andere Entsprechungen sind der Ausdruck von Ärger mit zusammengepressten Lippen oder mit entblößten Zähnen, der Trauerausdruck des Erwachsenen, das Schmollen mit vorgeschobener Unterlippe, das Weinen des Kindes, das Lächeln und das Lachen. Der Mensch signalisiert durch Verhalten, Kleidung und Schmuck seine Rangstellung in der Gesellschaft und seine (Volks-)Gruppenzugehörigkeit. Hinzu kommen körpersprachliche Signale, die gewisse Stimmungen betreffen, welche die Bereitschaft oder Nichtbereitschaft zum Handeln ausdrücken. Die Fähigkeit, die Emotionalität der Mimik zu erfassen und emotionell auf sie einzugehen, ist in der rechten Hirnhälfte lokalisiert. In der linken liegt die Fähigkeit, Dinge zu benennen. Mimik und Gestik dienen dazu, dass bestimmte Individualdistanzen eingehalten werden, vor allem

Der Ausdruck des Schmollens gehört zu den angeborenen Verhaltensweisen.

wenn Menschen einander nicht kennen. Sie können gleichfalls dazu dienen, den anderen zu provozieren, einzuschüchtern oder zu beschwichtigen. Es besteht darüber hinaus die Vermutung, dass man sich über ein Verhalten in die gewünschte Stimmung versetzen kann. Man kann an sich selbst beobachten, dass man freundlicher gestimmt wird, wenn man einen freundlichen Gesichtsausdruck aufsetzt und trauriger, wenn man ein entsprechendes Gesicht zieht.

Kulturelle und überkulturelle Prägung

Gesten und Körperhaltungen sind meist kulturell geformt. Gebärden untermalen, bilden ab, weisen hin und halten den Gesprächsfluss aufrecht. Die meisten sprachbegleitenden Zeichen lernt man nebenbei. Dazu gehören so genannte Embleme, symbolisch-sinnbildliche Darstellungen, bei denen eine Geste eine ganz bestimmte Bedeutung hat. So ist zum Beispiel das Ausbreiten der Hände, verbunden mit einem Achselzucken, der Ausdruck für Ratlosigkeit, Nichtwissen oder Nichts-dafür-Können.

Die Ermahnung mit erhobenem Zeigefinger gehört ebenso in diese Kategorie wie eine lange Nase oder einen Vogel zeigen. Da Embleme kulturell geformt sind, haben sie in den verschiedenen Ländern und Kulturen völlig unterschiedliche Bedeutungen. Dagegen ist das so genannte Übersprungsverhalten überkulturell geprägt. In Situationen, in denen wir uns überfordert fühlen, dient diese Verhaltensweise der Erregungsabfuhr. So kommt es dazu, dass wir uns bei Verlegenheit beispielsweise am Kopf kratzen, eine typische Gebärde, die dem Körperpflegeverhalten entlehnt ist, oder an den Fingernägeln kauen, um unsere Wehrlosigkeit durch die gekürzten »Klauen« zu demonstrieren.

Jemandem einen Vogel zeigen ist eine eindeutige Geste. Dieses so genannte Emblem versinnbildlicht eine symbolische Darstellung.

Wie unsere Wahrnehmung funktioniert

Wenn wir wach sind, nehmen wir in jeder Sekunde eine Vielzahl von Informationen aus unserer Umwelt auf. Da wir nicht gleichzeitig alle Teilstücke mit derselben Aufmerksamkeit bewerten und verarbeiten können, hat jeder von uns ein individuelles Filtersystem für diese Reize entwickelt. Die Auswahl konzentriert sich darauf, was für uns am wichtigsten ist bzw. welche Reize und Informationen wir als zum Überleben wichtig erachten. Das hat viel mit Erziehung und Ausbildung zu tun, welche Signale in welchem Beruf von Bedeutung sind. So wird ein Maler die Farben in

Aus der Flut von Informationen und Reizen müssen wir die für unser individuelles Überleben wichtigsten herausfiltern und verarbeiten.

einem Blumengarten viel differenzierter wahrnehmen als ein unkünstlerischer Mensch, der lediglich die Buntheit der Pflanzen erkennt; oder ein Arzt entdeckt auf den ersten Blick bestimmte Krankheitssymptome an seinem Patienten, die dem ungeschulten Blick des Laien verloren gehen. Die restlichen Informationen, die diese Objekte der Wahrnehmung für uns bereithalten, blendet unser Bewusstsein aus, da es mit ihnen mangels Erfahrung oder Interesse nichts anzufangen weiß.

Wahrnehmung beginnt schon im Mutterleib: Die erste Orientierung ist der Herzschlag der Mutter – ein Erkennungszeichen, das unser Verhalten bereits prägt.

Hinzu kommen die angeborenen Vorlieben für bestimmte Reize, denn ob man die Umwelt beispielsweise eher über Hörbares, Sichtbares, Riechbares, Schmeckbares oder Fühlbares aufnimmt, ist veranlagt. Ein visueller Typ wird viel über das Sehen lernen und mehr sehen als beispielsweise ein auditiver Mensch, der sich mehr auf sein Gehör verlässt, um die Welt zu verstehen. Ein Koch wird hingegen viel riechen und schmecken und ein Schneider die richtigen Stoffe sehen und fühlen. Diese Konzentration auf ein oder zwei Sinne hängt damit zusammen, dass der moderne Mensch nicht mehr auf alle Sinnesorgane angewiesen ist, um zu überleben.

Subjektive Wahrnehmung

Diese Mischung aus gefilterter und angeborener Fähigkeit zur Wahrnehmung nennt man subjektiv. Denn im Gedächtnis eines jeden von uns ist nur ein kleiner Teil der Reize, die auf uns einströmen, gespeichert, und wird bei Bedarf, wenn wir eine bestimmte Situation oder einen Menschen neu kennen lernen, abgerufen. Anhand

Subjektive Wahrnehmung bedeutet, dass jeder von uns seine Umwelt im Grunde auf eine andere Art und Weise wahrnimmt und sie nur in dieser Form für wirklich hält. Schließlich wirkt ein und dasselbe körperliche Signal auf jeden von uns völlig anders.

dieser Signale beurteilen und entscheiden wir. Je mehr wir uns dessen bewusst sind, dass der Ausschnitt, den wir an anderen Menschen oder an unserer Umwelt allgemein wahrnehmen, nur ein selektiver ist, desto mehr sollten wir uns bemühen, alle unsere Sinne einzusetzen, um ein möglichst vollständiges Bild der Wirklichkeit zu erhalten.

Widersprüchliche Signale zeigen sich beispielsweise in einem entgegenkommenden Lächeln bei gleichzeitiger Abwendung des Körpers oder einer schließenden Armbewegung.

Fehleinschätzungen vermeiden

Je mehr Informationen Sie speichern, desto besser werden Sie beobachten. Und nur so kann es gelingen, die körpersprachlichen Signale stimmiger zu interpretieren, Widersprüchlichkeiten im Verhalten des anderen richtig zu werten, versteckte Gefühle zu entlarven und so das Wesen Ihrer Mitmenschen und sich selbst besser kennen zu lernen und sensibler miteinander umzugehen. Einige grundlegende Hinweise können dabei hilfreich sein:

- Der erste Eindruck ist nicht immer der richtige.
- Beobachten Sie Ihren Mitmenschen genau. Versuchen Sie zu erkennen, was körpersprachlich gesehen sein Hauptanliegen ist und in welcher Stimmung er sich gerade befindet.
- Konzentrieren Sie sich nacheinander auf seine Haltung, seine Gestik und seine Mimik.
- Hören Sie zu, wie er spricht: schnell oder langsam, flüssig oder stockend, laut oder leise.
- Finden Sie heraus, ob Ihr Gegenüber körpersprachlich aufrichtig ist oder versucht, bestimmte Ausdrücke zu blockieren und sich zu verbergen, indem er sich möglichst unbewegt hält.
- Nehmen Sie widersprüchliche körpersprachliche Signale wahr, so versuchen Sie zu bewerten, welche Geste die bedeutsame ist und welche nur etwas vorspiegeln will.
- Versuchen Sie, Vorurteile positiver wie negativer Art auszuschalten.
- Wenn Ihr Gegenüber einige Eigenschaften aufweist, die Ihnen ähnlich sind, bedenken Sie, dass er noch von einer Reihe weiterer Charakterzüge geprägt ist, die Sie vielleicht erst auf den zweiten oder dritten Blick entdecken.

Territorialverhalten – den Raum des anderen respektieren

Jeder Mensch braucht Distanz zum anderen, um sich vor möglichen Angriffen zu schützen. Dieser Abstand ist das persönliche Territorium, in das wir Fremdes, Unbekanntes und Gefährliches nicht hineinlassen. Schwächere Menschen wie Kinder, oder Menschen, die wir lieben, lassen wir freiwillig in diesen Raum. Das gilt außerdem für Personen, die uns Gutes wollen oder uns bedienen, wie beispielsweise eine Pflegerin oder eine Bedienung im Café.

In bestimmten Situationen gestatten wir anderen, in unser Territorium einzudringen.

Revier und Raum

Territorialverhalten ist uns ebenso wie den Tieren stammesgeschichtlich vererbt und beschreibt das Verhalten, ein Revier abzustecken, es als sein eigenes zu markieren und gegebenenfalls gegen andere Mitglieder derselben Spezies zu verteidigen.
Beim Menschen geht es dabei vor allem um den Raum, der ihm Bewegungsfreiheit ermöglicht und gleichzeitig dafür sorgt, dass ihm in dieser Schutzzone nichts geschieht und er körperlich unversehrt bleibt.

Wenn die Grenzen überschritten werden

Wer versucht, die Grenzen zu einem anderen Raum zu durchbrechen oder dort einzudringen, verursacht eine Störung. Als Ausnahme gilt das ausdrückliche Werbeverhalten. Dabei verringert der oder die Umworbene aus freien Stücken die Distanz zum anderen, um sich »beschnuppern« zu lassen. Grenzüberschreitungen in den Raum anderer Menschen sind etwas sehr Alltägliches. Wir erleben sie im Fahrstuhl, in der U-Bahn, im Bus oder beim Schlange stehen. In diesen Situationen wird stillschweigend akzeptiert, dass man eine sehr intime Distanz zum Nächsten in Kauf nimmt, um ans Ziel zu gelangen.
Manche Menschen empfinden dies allerdings auch als Stress und können klaustrophobisch reagieren. In einigen Institutionen wie etwa Banken oder Postämtern ist man in den letzten Jahren dazu übergegangen, den Kunden, der bedient wird, durch eine »Schutzzone« von den nachfolgenden abzuschirmen. Auf diese Weise ist der reibungslose Ablauf der Privatgeschäfte gewährleistet, ohne dass man sich bedroht oder eingeengt fühlt.

Wie viel Raum wir benötigen

Bei manchen Menschen empfinden wir Grenzüberschreitungen allerdings als besonders bedrohlich. Dies ist dann der Fall, wenn schon bei einer Begrüßung die persönliche Distanz nicht eingehalten wird. Unser Gegenüber tritt uns dabei zu nahe, obwohl wir ihn auf diese Distanz gar nicht herankommen lassen wollten. Denn die intime Distanz gestatten wir in der Regel nur Menschen, die uns vertraut sind oder von denen wir es beim Werbungsverhalten ausdrücklich wünschen. Empfindet man die Distanzverletzung als Störung der eigenen Intimität, verspannt man sich in einer Gegenreaktion zu einer Angriffshaltung oder man setzt zur Fluchtbewegung an und zieht sich zurück, um die Distanz und damit seinen Freiraum wieder herzustellen. Je nach Situation und Anlass verringern oder erweitern wir den Abstand zu anderen.

- Intime Distanz: 15 bis 45 Zentimeter, körperliche Liebe, Trösten, Schützen sowie in überfüllten Räumen, Fahrstuhl, U-Bahnen o. Ä.
- Persönliche Distanz: 45 bis 75 Zentimeter bei Lebens- oder Ehepartnern, Eltern, Kindern; 75 bis 120 Zentimeter bei der Erörterung von Themen mit persönlichem Interesse und Engagement.
- Soziale Distanz: 120 bis 220 Zentimeter bei unpersönlichen Angelegenheiten, mit Kollegen oder bei lockeren gesellschaftlichen Anlässen; 220 bis 360 Zentimeter bei formellen Anlässen, bei denen keine oder nur lockere Kommunikation gewünscht wird.
- Öffentliche Distanz: 360 bis 750 Zentimeter, bei formellen Anlässen, wie jemanden einem kleineren Publikum vorzustellen; bei einer Bedrohung hat man die Möglichkeit, ein Verteidigungsmanöver einzuleiten; zum Austausch von unpersönlichen Botschaften (»Setzen Sie sich bitte!« oder Ausrufe) 750 Zentimeter und mehr, beispielsweise im Theater vor der Bühne; das gilt nicht für Menschen, die man gut kennt.

Bestimmte Distanzen halten wir oft unbewusst ein, um unsere Intimsphäre zu wahren und gleichzeitig die des anderen zu respektieren.

Auch beim Menschen ist das Territorialverhalten genetisch programmiert. Wer in die persönliche Schutzzone eines anderen eindringt, verursacht eine Störung.

Wie Hierarchien sichtbar werden

Hierarchien drücken sich stark im Territorialverhalten aus. Dominierende Tiere in der Herde haben immer größere Distanzen zu anderen. Rangniedere treten ihnen sogar noch Raum ab.
Während der Ranghöhere sich also einen Futterplatz nach Wahl suchen, und aussuchen kann, wonach ihm ist, nimmt der Rangniedere mit dem Übrigen vorlieb. Der Dominierende kontrolliert damit das größte Territorium, hat mehr Bewegungsfreiheit als die anderen und natürlich den Zugang zu den begehrtesten Territorien. Dieses Verhalten ist im übertragenen Sinne auch beim Menschen zu beobachten.

Sich an Möbel anzulehnen oder die Füße auf den Tisch zu legen, sind deutliche Zeichen für das Markieren des eigenen Territoriums.

Den Raum begrenzen

Bei Menschen ist das Dominanzverhalten nicht ausschließlich am größeren zur Verfügung stehenden Raum zu beobachten, sondern sie sitzen auch stets in der ersten Reihe; sei es das Haus am Strand, die Theaterloge oder die Hotelsuite mit Blick auf das Meer. Mächtige verfügen nicht nur über ein größeres Territorium, sie bewegen sich obendrein auf dem allgemeinen Areal und in fremden Territorien freier und nehmen mit ihren Körpern, Besitztümern und Symbolen mehr Raum ein als die anderen. Um Territorialrechte im Raum zu behaupten, stehen uns verschiedene Gesten zu Verfügung. Die beliebteste ist, persönliche Gegenstände zu verstreuen, um sein Territorium zu markieren. Das kann der eigene Fuß oder das Bein sein, das man auf die Schreibtischplatte oder den Stuhl legt. Man kann ebenso sein persönliches Eigentum wie etwa einen Briefbeschwerer berühren oder sich gegen ein Möbelstück lehnen.

Den Raum verletzen

Ein weiteres Beispiel für das Dominieren eines fremden Territoriums lässt sich im Verhältnis von Eltern und Kindern beoachten: Wenn Kindern gegen deren Willen Essen aufgezwungen wird (»Du isst jetzt den Brei auf«) oder sie in ungeliebte Kleidungsstücke gezwängt werden (Mützen und Gummelstiefel sind besonders beliebt), stellt dies eine empfindliche Verletzung ihres eigenen Raumes dar. Territorialität drückt sich nicht allein im materiell und sinnlich wahrnehmbaren Raum aus, sie betrifft ebenso unser Innenleben. Dazu gehört das Gebiet unserer Gefühle, Wünsche und Träume. Wer den anderen ständig kritisiert oder alles besser weiß, versucht in dessen Raum einzudringen. Nicht umsonst spricht man von Geistesgebieten. Diese schützen wir, indem wir versuchen, unnahbar zu wirken oder die Kommunikation verweigern.

Kommunikationssignale dienen der Verständigung. Auch ohne verbale Erklärung werden diese Signale von den Mitgliedern einer (Volks-) Gruppe wahrgenommen und verstanden.

Kommunikation unter Gleichgestellten

Nun wird man bei einer partnerschaftlichen Kommunikation immer versuchen, Gleichberechtigung herzustellen. Dies erreicht man beispielsweise, indem sich beide setzen und nicht der eine stehen bleibt und den anderen dabei sitzen lässt, um ihm seine Überlegenheit zu demonstrieren. Eine andere Dominanzgeste ist eine aufrechte Körperhaltung, wenn man beeindrucken will. Wer den anderen überragt, hat ein höheres Ansehen. Männer unterstreichen ihre Körpergröße gerne durch Hüte oder Mützen. Die entsprechende Gegenbewegung der Demut ist das Sich-klein-Machen, den Kopf nicht aufrecht halten, die Kopfbedeckung abnehmen, die Schultern hängen lassen und vielleicht sogar sich zu verbeugen. Dieses körpersprachliche Repertoire ist in allen Kulturen gleich. Bei hochgewachsenen Menschen lässt sich oft beobachten, dass sie im Stand die Arme locker am Körper baumeln lassen, um dem anderen zu demonstrieren, dass er diese, obwohl er größer ist, nicht als zusätzliche Waffe ausspielen wird. Ein kleiner Mensch hingegen wird in der Konfrontation mit einem Größeren immer gezwungen sein, sich größer zu machen und gerät so in die Gefahr, durch das emporgestreckte Kinn und die erhobene Nase arrogant und aggressiv zu wirken. Das ist die klassische David-gegen-Goliath-Situation.

Durch bloßes Aufstehen kann Überlegenheit demonstriert werden, wenn der Gesprächspartner sitzt: Der sitzende Partner muss »unterwürfig« nach oben blicken.

Wie viel Zeit wir anderen einräumen

Territorialverhalten kann sich zudem in Zeitdimensionen ausdrücken. Auch im Tierversuch hat sich gezeigt, dass sich beispielsweise gleichberechtigte Ratten die Zeit an dem bevorzugten Futterplatz einteilten. Im menschlichen Verhalten zeigt sich dies in der Hinsicht, wie viel Zeit man dem anderen zugesteht. Sie ist gleichzeitig Ausdruck der Über- oder Unterlegenheit. Gerne zeigen dominierende Menschen dem anderen ihre Überlegenheit, indem sie bestimmen, wie viel Zeit sie ihm für seine Probleme und Interessen einräumen. Sie dürfen den Unterlegenen warten lassen oder ihn vergessen. Von dem Schwächeren hingegen wird erwartet, dass er immer Zeit für den Überlegeneren hat und pünktlich ist. Das Durchbrechen dieses Zeitmonopols ist der erste Schritt in die Gleichberechtigung. Grundsätzlich gilt: Je weniger Zeit man dem anderen einräumt, desto weniger schätzt man ihn wert.

- ✖ Intime Zeit: am ausgedehntesten, nur durch gegenseitige Toleranzgrenzen eingeschränkt; als Verletzung wird es empfunden, wenn gesetzte Grenzen überschritten werden, wenn Freunde oder Bekannte zu lange bleiben o. Ä.
- ✖ Persönliche Zeit: 15 bis 30 Minuten, Einstellungsgespräche, Arzttermine, in der Schlange stehen, Kundenbesuche.
- ✖ Soziale Zeit: 2 bis 15 Minuten, unpersönliche Angelegenheiten, Einkaufen, Auskünfte einholen.
- ✖ Öffentliche Zeit: wenige Sekunden bis Minuten, anonyme und unengagierte Aktionen, z. B. nach der Richtung fragen.

Aggression und Imponiergehabe – besser und stärker sein

Wenn es um aggressive Auseinandersetzungen ohne Waffen geht, steht uns ein ganzes Arsenal von angeborenen Verhaltensweisen zur Verfügung. Dabei handelt es sich um Gebärden des Angriffs, der Verteidigung, der Unterwerfung und des Rückzugs.

In der Regel soll durch das körpersprachliche Verhalten die Auseinandersetzung so geregelt werden, dass es zu keiner ernsthaften Verletzung des Gegenübers kommt. Drohgebärden haben viel Ähnlichkeit mit Imponiergehabe, das dem Drohen und der Aggression unmittelbar vorangeht. Das Drohen ist im Ausdruck allerdings deutlich intensiver als das Imponieren.

> Die erste Drohgebärde ist der intensive Blick. Durch Blickwechsel und Dauer werden Kraft und Ausdauer des Gegenübers taxiert, der sich unterwerfen oder zurückziehen soll.

Seine Stärke darstellen

In gleicher Weise eignet sich der Gang hervorragend zur Demonstration der eigenen Kraft. Den Imponiergang kann man schon bei kleinen Kindern (meist Jungen) feststellen. Bei dieser Art zu gehen schwingen die Arme, der Schritt ist weit ausholend und der Körper wiegt sich dabei. Man kann sie vor allem bei ranghohen Persönlichkeiten bei zeremoniellen Anlässen sehen oder mit den Paradeschritten von Soldaten vergleichen. Imponierverhalten entspricht dem Bedürfnis, gegenüber anderen Überlegenheit zu demonstrieren. Dies gilt sowohl für die Verteidigung oder den Ausbau des eigenen Territoriums als auch für die erfolgreiche Bewerbung um die gewünschte Sexualpartnerin. Beim Letztgenannten geht es darum, als der Stärkste und für die Damenwelt Begehrenswerteste zu erscheinen. Denn biologisch gesehen dreht sich alles um die Fortpflanzung mit den Stärksten, Schönsten, Größten und Schnellsten aus der Gruppe.

Was das Verhalten ausmacht

Dabei streckt man seinen Körper und steht aufrecht, der Hals wird gerade gehalten und die Halsmuskeln sind angespannt, um den Kopf schnell bewegen und zugleich als das empfindlichste Körperteil bei einem möglichen Angriff durch Ausweichen schützen zu können. Insgesamt macht man sich größer, als man wirklich ist. Man steht leicht breitbeinig da, um sprungbereit zur Attacke oder Verteidigung zu sein. Der Atem wird angehalten und der Brustkorb bläht sich dabei etwas auf. Das Kinn wird erhoben, um den Kopf noch höher zu strecken und den Willen zu zeigen, mit diesem Kinn gegebenenfalls zuzustoßen. Eventuell vorhandener Bartwuchs wirkt unterstützend dabei. Er suggeriert einen starken Unterkiefer mit gefährlichen Zähnen dahinter, die zubeißen könnten und obendrein die errungene Beute nicht so leicht wieder loslassen würden. Interessanterweise sehen Männer mit Bart, nachdem sie sich den Bart abgenommen haben, vergleichsweise viel harmloser aus als vorher.

Ein weiteres Machtinstrument ist die Stimme. Man erhebt sie, um Energie auszudrücken. Zusätzlich wird die Faust geballt und als Drohsignal geschwungen. Die Ellenbogen werden gehoben und nach vorne geschoben, um bedrohlicher zu wirken. Weitere Merkmale des Imponiergehabes sind zusammengebissene und entblößte Zähne, eine in senkrechte Falten gelegte Stirn, geballte Fäuste und das Aufstampfen mit dem Fuß als Schritt auf den Gegner zu. Dies sind alles angeborene Verhaltensmuster, die uns aus unserer Stammesgeschichte mitgegeben wurden.

Typisch für das Imponiergehabe ist eine aufrechte angespannte Haltung, um größer und somit bedrohlicher zu wirken.

Bereit für den Angriff

Bei großer Wut öffnet man die Lippen und zieht die Mundwinkel herab. Ist der Mensch entschlossen, so schließt er den Mund. Die Mundwinkel sind dabei verächtlich heruntergezogen. Zugleich werden die Augenbrauen vorgezogen, wie etwa bei grellem Lichteinfall, sodass senkrechte Stirnfalten entstehen. Damit wird Angriffsbereitschaft signalisiert. Der Ausdruck ist jedoch dem der Angst nicht unähnlich. Generell liegen Angst und Wut dicht beieinander, da Angst entweder Flucht- oder Abwehrbereitschaft impliziert. Letztere entsteht meist, wenn die Angst sich in Wut wandelt. Ebenso wird die leicht herausgestreckte Zunge als abweisend empfunden. Experimente haben ergeben, dass Personen, die mit leicht vorgestreckter Zunge in eine Aufgabe vertieft schienen, weniger leicht von ihren Mitmenschen unterbrochen wurden als andere, die diese Geste nicht ausführten.

Ein scharfer, den anderen durchbohrender Blick ergänzt das Ausdrucksspektrum. Man lässt den anderen nicht aus den Augen und bedrängt ihn dadurch auf das Empfindlichste. Erst wenn dieser die Augen niederschlägt, ist das Ziel erreicht. Es hat sich eindeutig erwiesen, wer der Schwächere ist. Der einzig wirkliche Unterschied zwischen Drohen und Imponieren besteht im Blick. Der imponierende Blick fixiert nicht, sondern schweift umher, da er Anerkennung beim anderen sucht. Der drohende Blick signalisiert Kampfbereitschaft, der den Gegner daher nicht aus dem Auge lässt, um nicht überrascht zu werden.

Angriffsverhalten

Ein Vergleich des Imponierverhaltens bei Menschen und Affen hat eine Reihe von Ähnlichkeiten herausgefunden. Dazu zählen das Aufstampfen mit den Beinen, das Schlagen mit der flachen Hand gegen eine Unterlage (oder einen Baumstamm) sowie das Schwingen von Gegenständen (oder Ästen und Stöcken) in der Hand mit gleichzeitiger Schlagdrohung. Gleiches gilt für Verhaltensweisen wie den anderen mit Objekten zu bewerfen, Beißen, Wegstoßen und Schlagen mit der Hand oder Faust. Diese Muster des Konfliktverhaltens kann man bereits bei Säuglingen beobachten. Sie lassen sich, auch wenn sie noch nicht sprechen können, nichts gefallen und üben bei Angriffen sofort Vergeltung. Beliebt bei Auseinandersetzungen zwischen Kindern ist es, den Gegner umzustoßen.

Wie der Sieger reagiert

Ist man aus einer Situation der gegenseitigen Drohung als Sieger hervorgegangen, weil der andere dem durchdringenden Blick nicht standhalten konnte oder ein sonstiges Zeichen des Rückzugs gezeigt hat, demonstriert man abschließend häufig nochmals seine eigene Überlegenheit.

Die Pose des Siegers: Er wendet sich demonstrativ ab und zeigt dem Unterlegenen die »kalte« Schulter – der Beweis seiner Überlegenheit.

Das offensichtliche Abwenden vom Verlierer bekundet, dass man ihn nicht mehr für interessant oder bedrohlich erachtet. Es kann durch das betonte Abwenden des Blickes und das Zeigen der (kalten) Schulter erfolgen. Beides sind Gesten der Demütigung, die dem anderen die eigene Überlegenheit nachhaltig ins Gedächtnis einprägen und von zukünftigen Angriffen abhalten sollen.

Imponiergehabe dient nicht ausschließlich der Aggression, sondern oftmals auch als Abwehrverhalten.

Das Abwehrverhalten

Wer einer Konfrontation aus dem Weg gehen und den anderen nicht zu Drohverhalten provozieren will, wendet sich ebenfalls demonstrativ ab, indem er dem potentiellen Angreifer die Schulter zeigt oder ganz offensichtlich den Blickkontakt verweigert. Damit soll signalisiert werden, dass man keine Bedrohung darstellt und nichts Böses im Schilde führt. Eine deutlich stärkere Form des Abwehrverhaltens gegenüber einer Bedrohung ist die Unterwerfung. Dabei macht man sich kleiner, als man tatsächlich ist, um seine rangniedere Stellung zu bekunden und die Dominanz des Rivalen anzuerkennen.
Daneben gibt es andere Formen der Konfliktvermeidung. Das Annehmen kindlichen Verhaltens nimmt dem anderen die Aggressivität, die einem deutlich Schwächerem gegenüber nicht angebracht ist. Das kindliche Rollenmuster soll wie das Weinen, das man auch bei Erwachsenen sehen kann, Mitleid und Betreuungsverhalten beim anderen auslösen und somit Aggressionen abblocken.

Abwehr

Das Imponiergehabe bei Erwachsenen im Alltag dient ebenfalls oft der Abwehr und nicht der Drohung. Das Imponieren als Abwehrverhalten zeigt sich durch das typische Verspannen der Nackenmuskulatur. Dadurch wird der Hals gereckt, der Körper angespannt und in Hab-acht-stellung gebracht. Eine klasssiche Drohgebärde, um einen fremden Eingriff in sein eigenes Territorium zu verhindern, ist ein kurzer strenger Blick, den man einem anderen zuwirft, um ihn nicht näher kommen zu lassen. Wenn jemand in einem gut besuchten Café alleine sitzen möchte, hält er Herannahende mit einer Abwandlung des Drohstarrens davon ab, sich zu ihm zu setzen. Man sieht den Gegner dabei so lange an, bis dieser dem fixierenden Blick nicht mehr standhält und aufgibt. Eltern benutzen das Drohstarren in der Kindererziehung, um ihre Kinder zur Raison zu bringen und ihr Schreien und Betteln mit leisen Mitteln zu unterdrücken.

Eine demonstrative Abwendung kann einem eventuellen Angreifer signalisieren, dass man keine Auseinandersetzung möchte.

Abneigung

Ein starrer Ausdruck kann gleichfalls ein Zeichen des Widerwillens sein, um nichts von dem aufnehmen zu müssen, das den Widerwillen erzeugt.

Bei unangenehmen Sinneseindrücken wird diese Form der Ablehnung durch das Schließen oder Abwenden der Augen zusätzlich verstärkt. Bei sehr unangenehmen Gerüchen wird hingegen der Atem angehalten, die Nasenflügel zusammengepresst oder die Nase gerümpft. Wenn der Kopf zur Seite bewegt oder nach hinten geworfen wird, dann kann dies durchaus eine Reaktion auf unangenehme visuelle und geruchliche Reize sein.

Bei der klassischen Hochmutsgebärde wird der Kopf nach hinten bewegt, die Nase liegt so höher und wird gerümpft, gleichzeitig wird die Augenspalte verschlossen und stark ausgeatmet. Das heißt körpersprachlich nichts anderes, als dass die Reize des Gegenübers in übertriebener Verachtung abgelehnt werden.

Mit der klassischen Hochmutsgebärde wird die Abneigung überdeutlich gezeigt.

Ablehnung

Von geringerer Intensität sind folgende Ausdrucksformen für Auflehnung und Ablehnung. Das Augenrollen ist ein leicht erkennbares Zeichen dafür, dass der andere unseren Vorschlag missbilligt. Dabei werden die Augen von einem Augenwinkel zum anderen bewegt und die Augäpfel kreisen bei halbgeschlossenen Lidern im unteren Augenbogen und werden dann nach oben verdreht. Die herausgestreckte Zunge als Zeichen der Ablehnung leitet sich aus der Verweigerung der Nahrungsaufnahme ab. Bei Kleinkindern und Säuglingen, die nicht mehr weiteressen wollen, kann man beobachten, dass sie die angebotene Nahrung mit einer Spuckbewegung nach außen befördern, oft mit dabei stark nach unten geklappter herausgestreckter Zunge.

Die Zeichen von Abneigung und Ablehnung, z. B. das Augenrollen oder die herausgestreckte Zunge, sind von geringerer Intensität als das Angriffs- oder Abwehrverhalten.

Aggression bei Mann und Frau

Die wohl bekannteste und obszönste Geste, mit der Männer ihre Aggressionen einem anderen mitteilen, ist der aus der Faust emporgestreckte Mittelfinger. Er entstammt der amerikanischen Lebensart und gehört mittlerweile zum festen Repertoire rüpelhaften Verhaltens. Als »Fuck you«-Aussage drückt er Feindseligkeit mit stark sexuellen Untertönen aus. Der Gegner soll wie eine Frau beim Sex behandelt werden oder ist mit einer Frau gleichzusetzen. Sexualität steht in diesem Fall für die Unterwerfung des Weiblichen, das Zu-Willen-Sein und die Demütigung. Erotik und Aggressivität liegen in der Körpersprache häufig dicht beieinander.

Hände und Arme sind allerdings immer ein gutes Mittel, um nicht nur aggressiv zu wirken, sondern auch ein Gespräch entsprechend zu begleiten und die Wirkung des Gesagten zu unterstreichen. Dabei gilt eine stark ausgeprägte Gestik als expressiv und als ein Zeichen für Tatkraft. In die Hüfte gestemmte Hände sind ein unmissverständliches Signal für die eigene Entschlossenheit, eine Position zu verteidigen.

Überlegenheit zur Schau stellen

Andere Möglichkeiten, die eigene Dominanz und Überlegenheit zu zeigen, bieten sich vor allem beim Sitzen, wo ein Stuhl leicht zu einem Thron mutieren kann. Durch das Hochnehmen der Füße nimmt man ein Gebiet weiträumig für sich in Anspruch. Das gilt für das Legen eines Beines über die Sessellehne und für das umgekehrte Sitzen auf einem Stuhl, mit der Rückenlehne als Schutzschild. Einen Fuß auf den Schreibtisch zu legen, ist im Beisein anderer eine extrem unhöfliche Geste, die fast schon einer Demütigung gleichkommt.

Wer sein Bein über die Stuhllehne legt, nimmt demonstrativ einen großen Raum für sich in Anspruch.

Mildere Formen des Affronts sind das Aufknöpfen des Jacketts und das Stecken einer Hand in der Jackentasche, sodass der Daumen noch zu sehen ist. Dies sind eher Beispiele für ein freizügiges Verhalten, das den gesellschaftlich normierten Rahmen sprengt. Ein Überlegener bewegt sich zwar im Raum des anderen entspannt und macht sich dort entsprechend breit, indem er den Raum des anderen einzuschränken versucht, aber er wird auf allzu unhöfliche Gesten verzichten.

Weibliche Aggressionsformen

Frauen werden im Gegensatz zu den Männern in fast allen Kulturen dazu erzogen, Aggression und Zorn nicht zu zeigen. Daher fällt es ihnen in vielen Fällen schwerer, Gefühle ohne anschließende Schuldgefühle offen auszudrücken. Stattdessen verfügen Sie über ein sehr großes Repertoire versteckter Aggressionen, die allerdings nicht immer sofort verstanden werden. So können vorwurfsvolle Tränen, die in einem nervösen Gelächter verebben, bei einem Mann durchaus ein Gefühl der Schuld und Hilflosigkeit hervorrufen, das der stärkste Frontalangriff nicht zu erzeugen in der Lage gewesen wäre. Auch ansonst bevorzugen die meisten Frauen passive emotionale Ausdrucksformen wie Verletztsein, Selbstanklagen und verbale Aggressionen mit subtilen Spitzen. Nur in den seltensten Fällen greifen Frauen auf eine so markant männliche Geste zurück wie den gestreckten Mittelfinger. Diese Gebärde scheint aufgrund der Sozialisation nach wie vor nicht so recht zu einer Frau zu passen.

Die Autorität zur Schau stellen

Um im Bedarfsfall Überheblichkeit und Autorität ausstrahlen zu können, versucht man – körpersprachlich ausgedrückt – möglichst groß zu wirken. Man steht auf, um an Größe zu gewinnen, das Kinn wird vorgereckt und man verschränkt eventuell die Hände auf dem Rücken. Letzteres dient dazu, um den Rücken durchzustrecken und größer zu wirken. Die aufgerichtete, fast schon militärische Pose suggeriert außerdem, dass man auf den anderen herunterblickt und ihn körperlich gering schätzt. Überhaupt ist das Beugen nach vorne ein Mittel, um Ablehnung oder Aggressivität zum Ausdruck zu bringen. Auf diese Weise dringt man förmlich in den Raum des anderen ein, um ihn zu verunsichern. Ein starker, beinahe überherzlicher Händedruck bei der Begrüßung ist wohl ebenfalls ein Relikt primitiver körperlicher Aggression. Nimmt man beispielsweise die Rechte seines Gegenübers, und legt darüber die Linke, kann dies als Dominanzversuch verstanden werden.

Autorität kann durch unterschiedliche körpersprachliche Mittel ausgedrückt werden. Man denke nur an das Verhalten von Ärzten oder Rechtsanwälten gegenüber ihren Patienten bzw. Klienten.

Wer mit den Fingerspitzen seiner Hände ein Spitzdach formt, macht eine betont zuversichtliche, eingebildete, egoistische und stolze Geste. Angestellte, die sich besonders wichtig vorkommen, neigen dazu, ihre Hände besonders hoch bis etwa in Augenhöhe zu halten und durch die gespreizten Hände hindurchzuschauen. Eine bei Rechsanwälten oder Ärzten beliebte Geste, um ihren Klienten oder Patienten gegenüber Überlegenheit zu signalisieren, ist die Hand am Kinn, die Nachdenklichkeit und Interesse am Anliegen des anderen suggeriert. Macht er sich dazu noch während des Gesprächs Notizen, ist er durch einen Schreibtisch vom anderen getrennt und wahrt eine für die Autorität unabdingbare Distanz. Gleiches erreicht er daneben durch ein entspanntes Zurücklehnen auf seinem Stuhl.

Mit bestimmten Haltungen wird Autorität bis hin zur Überheblichkeit demonstriert.

Die Auseinandersetzung im Gespräch

Der Gebrauch der Sprache als Mittel der Kommunikation ist eines der wesentlichen Unterscheidungsmerkmale von Mensch und Tier. Die Sprache hat das menschliche Kampfverhalten, das vorher dem der Tiere nicht unähnlich war, stärker ritualisiert. Die verbale Auseinandersetzung hat den Griff zur Keule ersetzt und das menschliche Miteinander zumindest weniger blutig gemacht. Zugleich entstand dadurch das Bedürfnis, das Gesagte entsprechend körpersprachlich zu begleiten. Der angeborenen Körpersprache wurde die durch gesellschaftliche (verbale) Übereinkunft angelernte Körpersprache zur Seite gestellt. So gibt es heute zahlreiche körpersprachliche Ausdrucksformen, um Zustimmung oder Ablehnung zum Gesprochenen nonverbal auszudrücken.

Beugt man sich dem Überlegenen zu, handelt es sich um eine einschmeichlerische oder zustimmende Geste.

Konkurrenz und Unterlegenheit

Manche Gesten haben mehrere Bedeutungen, wie man an dem folgenden Beispiel sieht: Sich umgekehrt auf einen Stuhl zu setzen, sodass die Rückenlehne als Schild dient, kann verschiedene Bedeutungen haben.

Bei der Beurteilung spielen noch weitere Signale eine wichtige Rolle. Bleibt das Jackett beispielsweise zugeknöpft, kann die Haltung eine Verteidigungsstellung, Misstrauen aber auch Kompromisslosigkeit signalisieren. Auch übereinander geschlagene Beine, die für eine verkrampfte Haltung stehen, können auf Konkurrenz hindeuten. Vor allem dann, wenn die Beine die Viererposition einnehmen. Diese heißt so, weil die Beine dabei von oben wie eine vier aussehen. Die übereinander geschlagenen Beine werden dabei so weit auseinander genommen, dass der Knöchel des einen auf dem Knie des anderen ruht. Nimmt man die Beine dann im Gespräch auseinander, kann das bedeuten, dass durchaus die Neigung zur Einigung besteht.

Personen, die in ihren Meinungen übereinstimmen, zeigen häufig synchrone Verhaltensweisen.

Eindeutige Signale

Ob Sie im Gesprächsverlauf die Oberhand behalten, sagt Ihnen nicht nur der verbale Verlauf des Gesprächs, sondern auch einige körpersprachliche Signale. Als Zeichen der Unterlegenheit gelten ein zugeknöpftes Jackett, sofern es nicht aus formalen Gründen geschlossen bleibt, ein regloses Gesicht, starke Muskelanspannung bei der Haltung und das Verschränken der Arme hinter dem Rücken. Wenn man sich im Gespräch abseits hält oder sich als Unterlegener dem Überlegenen gegenüber vorbeugt, zeigt man ebenfalls, dass man sich unterlegen fühlt.

Werbeverhalten – begehrenswert sein

Zu den angeborenen Verhaltensweisen, die alle den Zweck haben, das Überleben der Art zu gewährleisten, gehört nicht zuletzt das Werbeverhalten. Dieses soll garantieren, dass man seinen Wunschpartner unter den vielen anderen Menschen herausfindet, dass man mit ihm zusammenkommt und sich, so will es die Biologie, im Geschlechtsakt miteinander vereinigt. Die Entscheidung über eine Fortpflanzung bleibt im Zeitalter der Verhütungsmittel jedem selbst überlassen.

Angeborenes Verhalten

Zu Beginn jeder Beziehung, die auf eine sexuelle Vereinigung abzielt, stehen die Signale und Rituale des Werbeverhaltens. Auch im Kampf um den begehrtesten Sexualpartner hat der Mensch verschiedene Verhaltenskomponenten aus seiner Stammesgeschichte übernommen.
Gleichzeitig haben wir dabei alle naturhaften Bereiche unseres Verhaltens weiter kultiviert. Schließlich haben sich das Gesellschaftsbild und die Rollenbilder der Geschlechter im Laufe der Generationen immer wieder geändert.
Insbesondere im Bereich der Partnerschaft haben wir bestimmte körpersprachliche Rituale entwickelt. Im Idealfall soll diese so lange halten, bis die Früchte der Beziehung, die Kinder, selbstständig existieren können. Und dies dauert bei Menschenkindern, die im Vergleich zu ihren tierischen Verwandten eine extrem lange Reifezeit haben, seine Zeit. Selbstverständlich sind diese rein biologischen Erwägungen durch gesellschaftliche Entwicklungen teilweise überholt. Uns geht es jedoch hier um die Erklärung, aus welchen Komponenten sich unser Werbeverhalten zusammensetzt und warum sich dies so verhält.

Trotz liberaler Aufklärung, Emanzipation oder zahlreicher Modeerscheinungen, beispielsweise Androgynität, haben sich die Signale des Werbeverhaltens bei Mann und Frau seit Urzeiten nicht verändert.

Die unterschiedlichen Signale der Geschlechter

Beobachten wir die Körpersprache von Frau und Mann im Laufe der Werbung umeinander, so fällt schon zu Beginn auf, dass beide Geschlechter ganz unterschiedliche und seit Menschengedenken unveränderte Signale setzen. Sie sind biologisch bedingt und zeigen, dass bestimmte Verhaltensmuster unverändert sind. Denn auch wenn Mädchen in ihrer Erziehung heutzutage immer mehr dazu angeregt werden, sich genauso sportlich und forsch wie Jungen zu bewegen oder sich später als Gleichberechtigte in der Arbeitswelt durchzusetzen, ist das Bild der Frau als gebärende und zukünftige Mutter und des Mannes als Erzeuger, Jäger und Versorger tief im Menschheitsgedächtnis verwurzelt. Selbst eine zeitweise Verschmelzung der Geschlechterrollen durch eine stärkere Akzeptanz der weiblichen Seiten bei einem Mann und der männlichen Seiten bei einer Frau ändern an der naturgegebenen Zielsetzung offenkundig nichts. Modeerscheinungen wie Androgynität, die verkörperte Geschlechtslosigkeit und Verweigerung des biologischen Rollenspiels, zielen vor allem auf Pubertierende während der Reifezeit ab. Ist diese abgeschlossen, ändert sich häufig das biologische Selbstbild und wird eindeutiger. Das Urbild spezifisch männlicher und weiblicher Signale taucht wieder auf, es sei denn, Mann bzw. Frau entscheidet sich ganz bewusst gegen die eigene Biologie.

Männliche Signale

Die biologischen Signale, die quasi zur Grundausstattung des Werbeverhaltens gehören, zeigen sich bei beiden Geschlechtern erstmals in der Pubertät: Der Stimmbruch löst bei Jungen eine männlich tief klingende Stimme aus, der Bartwuchs setzt ein, ebenso der Haarwuchs an den Beinen, auf der Brust, dem Rücken oder den Oberarmen. Diese zusätzliche Behaarung gilt zudem als Imponiersignal, um ein größeres Körpervolumen vorzutäuschen. Bereits hier teilen sich die Meinungen. Frauen, die sich mit der traditionellen weiblichen Rolle der Schwächeren und Unterlegeneren identifizieren können, fühlen sich durch männliche Körperbehaarung als Ausdruck größerer Virilität durchaus angezogen. Andere Frauen hingegen neigen mehr zum so genannten Kindmann, der auch bei der Werbung Zurückhaltung übt. Wissen, Intellekt, Gesprächsbereitschaft und »weibliche« Eigenschaften wie das Zeigen von Gefühlen und Sensibilität werden als männliche Stärken angesehen und im Werbeverhalten als sexuell attraktiv akzeptiert. Insgesamt reagieren Frauen beim Werbeverhalten des Mannes vor allem auf seine Körpersprache, auf sein Gesicht und die Augen. Erst dann wird ein Blick auf die Breite der Schultern und die Behaarung der Brust geworfen, die körperliche Stärke und Schutz vermitteln sollen.

Weibliche Signale

Frauen setzen ihre typischen körperlichen Signale durch die Entwicklung des Busens während der Pubertät, die Verbreiterung des Beckens und ebenfalls die Veränderung des körpereigenen Geruchs. Die Stimme der Frau moduliert vielleicht um einige Nuancen tiefer, doch bleibt sie in der Regel hoch, was bei der potenziellen Mutter-Kind-Bindung eine wichtige Rolle spielen wird, da Kinder auf höhere Töne positiver reagieren als auf tiefe. Der Mann hingegen reagiert bei der ersten Kenntnisnahme der Frau vor allem auf die Geschlechtsmerkmale Brüste und Po. Daneben gehören die Beine der Frau zu den beachteten geschlechtsspezifischen Unterscheidungsmerkmalen. Diese Körperteile betonen die Weiblichkeit der Frau am intensivsten.

Körpersprachliche Signale spielen beim Werbeverhalten eine wichtige Rolle. Haltung und Gestik verraten, ob man am anderen Interesse hat und ihn näher kennen lernen will.

Gesellschaftliche Maßstäbe

Neben diesen rein biologischen Erwägungen, die intuitiv unser Handeln gegenüber dem anderen Geschlecht bestimmen, spielen gesellschaftliche und kulturelle Wertmaßstäbe eine Rolle. So galt noch vor wenigen Generationen ein vorstehender Bauch beim Mann als Signal dafür, dass er es zu sichtbarem Wohlstand gebracht hatte und damit der ideale Versorger für eine Familie sein konnte. Heute gilt Feistheit eher als ein Mangel an Wendigkeit und geistiger Flexibilität und nicht zuletzt in modisch-aufgeklärten Kreisen als definitiv unsexy. In unserer Zeit hat die Werbewirtschaft die Schlankheit, die auch bei Menschen in vorgerückten Jahren immer währende Jugend vortäuschen soll, als Merkmal von Handlungsbereitschaft und Leistungsfähigkeit zum Idealbild stilisiert. Zudem suggeriert Schlankheit die Zugehörigkeit zu einer höheren sozialen Schicht, die so satt ist, dass sie ihren Wohlstand körperlich nicht mehr zeigen muss. Umfragen haben allerdings ergeben, dass Schlankheit für das Gros der Gesellschaft weniger entscheidend bei der Beurteilung körperlicher Attraktivität ist. Viele Männer, vor allem vorgerückten Alters, bevorzugen demnach Frauen, die über ihrem Idealgewicht liegen und damit die potenzielle Nachkommenschaft während der Schwangerschaft gut versorgen können. Nicht umsonst spricht man bei dralleren Damen gerne vom mütterlichen Typ, was rein biologisch gesehen nicht falsch ist. Im Gegenzug mag auch ein Großteil der Frauen laut Umfrage lieber einen wohlgenährten Mann, in dem sie einen guten Beschützer sieht.

Der weibliche und männliche Idealtyp wird heute von der Werbewirtschaft und den Medien modelliert und hat sich strikt dem Zeitgeist zu unterwerfen – auch wenn Umfragen mehrheitlich ein anderes Resultat ergeben.

Auch heute noch fällt der Blick des Mannes gewöhnlich zuerst auf Brüste, Po und Beine einer Frau.

Die Verteilung der Rollen

Da der Mann aufgrund seiner Biologie darauf programmiert ist, sich so häufig wie möglich zu vervielfältigen, ist er schneller erregbar als die Frau und kann so häufiger seine Aufgabe wahrnehmen, die Art durch Fortpflanzung zu erhalten. Während die Frau im Falle einer Schwangerschaft aus dem ständigen Spiel der erneuten Fortpflanzung ausscheidet, um in knapp einem Jahr ein Kind auszutragen und es danach während der Stillzeit heranzuziehen, kann der

Mann wieder anderweitig sexuell aktiv sein. Selbstverständlich entspricht dieses Bild, das den Mann der Vielweiberei zum Nutzen der Art anheimstellt und das der Frau als immer währendem Gefäß der Fruchtbarkeit und Mutter, deren Leben sich nur der Aufzucht und Hege der Nachkommen widmet, glücklicherweise nicht der Realität. In unserer Gesellschaft misst man der lebenslangen Treue bei gleichzeitiger Monogamie in einer Beziehung großen Wert bei. Letztere rührt u. a. daher, dass Menschenkinder im Gegensatz zu den Tieren eine deutlich längere Reifezeit haben, bis sie selbstständig und überlebensfähig sind. In dieser Zeit sollten im Idealfall Mutter und Vater über den heranwachsenden Nachwuchs wachen, um ihn auf das Leben vorzubereiten. Dass Sexualität überdies nicht nur dem Zweck der Fortpflanzung dient, ist durch die vielfältigen Möglichkeiten der Geburtenkontrolle ermöglicht worden. Diese haben einem lustvolleren, weil zweckfreiem sexuellen Empfinden die Bahn bereitet. Die Biologie und unsere Natur werden sich jedoch immer wieder zu Wort melden, spätestens wenn es darum geht, den anderen zu umwerben.

> In unserer Gesellschaft sind die Rollen in allen Lebensbereichen verteilt und zugeordnet.
> Wir orientieren uns im täglichen Umgang miteinander an Äußerlichkeiten und Verhaltensweisen.

Die Vorzüge demonstrieren

Die Figurvorgaben als sexuell aufreizende Signale mögen sich ändern, das Verhalten der Geschlechter während der Werbung nicht. So gilt generell Imponiergehabe – und dieses kann sich nicht nur in eindeutigen körperlichen Signalen ausdrücken, sondern auch durch die Demonstration seelisch-geistiger Stärken im Gespräch – während der Werbung als sexuell attraktiv. Der Mann neigt während des aktiven Werbens grundsätzlich dazu, die körperlichen Vorzüge, die Kraft und Größe ausdrücken sollen, zur Schau zu stellen und zu übertreiben. Er strafft seine Bauchmuskeln, zieht den Bauch ein und streckt die Brust heraus, um sich größer zu machen und eine kraftvolle und dynamische Haltung zu unterstreichen. Allerdings ist man im Werbeverhalten weicher als im Imponiergebaren, denn der Körper spannt und entspannt sich im Wechsel. Arme und Beine werden angespannt und im Gespräch aktiv eingesetzt, um zu zeigen, dass ihr Träger handlungsbereit ist. Dieser körpersprachliche »Beweis« seiner Handlungs- und Entscheidungsfreude spielt im Werbeverhalten um die Frau eine große Rolle. Mit dem Beginn der Geschlechtsreife und der Veränderung des körpereigenen Geruchs wird der Junge immerhin zum Konkurrenten innerhalb der rivalisierenden Männer um die in ihren Augen attraktivste und begehrenswerteste Frau. Unbewusst nehmen wir bei unserem Gegenüber Sexualduftstoffe auf, die der Körper an den apokrinen Drüsen aussendet. Diese befinden sich in der Nähe der Körperbehaarung, an den Achselhöhlen, Brustwarzen und Genitalien; die Duftstoffe sind den Sexuallockstoffen der Insekten sehr ähnlich. Der Duftstoff jedes einzelnen entscheidet darüber, welcher Mann oder welche Frau sich für uns entscheiden wird. Denn bei der Wahl des Intimpartners entscheidet in erster Linie unser Geruchssinn.

Welche Rolle die Größe spielt

Frauen wie Männer wirken auf den anderen stärker, dominanter und dadurch attraktiver, wenn sie eine Körpergröße zwischen mindestens 1,60 und 1,70 Meter bei Frauen und zwischen 1,70 und 1,80 Meter bei Männern haben. Während überdurchschnittlich große Frauen auf ihre Umwelt einschüchternd wirken, hat ein hoch gewachsener Mann in der Regel nur Vorteile aus seiner Statur, sowohl was die Liebe als auch den Beruf anbelangt. Allerdings ist mittlerweile nachgewiesen, dass Männer, die kleiner sind als der Durchschnitt, in der Partnerschaft und der beruflichen Leistung förmlich über sich hinauswachsen können. Dazu müssen sie Minderwertigkeitskomplexe zu Gunsten einer sich stärker entwickelnden Persönlichkeit zurückdrängen und eine höhere soziale Kompetenz entwickeln, um so das weniger eindrucksvolle Erscheinungsbild auszugleichen. Frauen kommt es in beiden Bereichen meist entgegen, wenn sie nicht zu groß sind. Auch heute noch bevorzugen viele Männer einen stärkeren Größenkontrast mit ihrer Partnerin, um die eigene Statur und Stärke sowie die Kompetenz als Beschützer des schwachen Geschlechts zu betonen.

Die Präsentation der eigenen Vorzüge

All diese Signale, die uns von Natur aus mitgegeben sind, nehmen wir in den ersten Sekunden eines Kennenlernens auf, bei dem der Blickkontakt die erste Kontaktaufnahme darstellt. Durch ihn werden Distanzen überbrückt und dem anderen mitgeteilt, dass er im Blickpunkt des Interesses steht. Dank unserer weißen Augäpfel können wir die Blickbewegungen unseres Partners sehr gut ablesen. Dabei ähneln die Blicke, die wir während des Werbeverhaltens mit anderen Menschen austauschen, Berührungen. Bei der Begegnung zweier Augenpaare scheint manchmal förmlich ein Funken von einer Person zur anderen überzuspringen – manchmal ein Funke des Erkennens, der Liebe oder im negativen Falle der Feindschaft.

Die ersten Signale

Augenkontakt steht im Mittelpunkt bei der Entstehung von Intimität und gegenseitiger Anziehung. Gleichzeitig achten wir sehr auf den Gesichtsausdruck, auf die Bewegungen der Augen, Körperhaltung und begleitende Gesten. Eine leichte Anspannung, sodass eine größere Beweglichkeit des Körpers gewährleistet ist, und ein aufgewecktes Verhalten zeigen Interesse. Je sicherer und aufrechter wir uns bewegen, je lockerer wir gehen und je positiver wir uns geben, desto attraktiver wirken wir. Schließlich bildet sich unser Gegenüber ein, diese Haltung gelte nur ihm. Diese Einschätzung kann allerdings zu Missverständnissen führen. Wenn jemand dem Leben grundsätzlich positiv gegenüber steht und einen schönen Tag zu genießen weiß, dann heißt das nicht unbedingt, dass er auf der Pirsch ist und sich um sein Gegenüber bewerben möchte.

Nicht umsonst gilt das Tanzen mit einer Bewegungsabfolge aus Spannung und Entspannung als Werberitual schlechthin.

So geht es weiter

Erst Offenheits- und Einladungsgesten machen aus einer freundlichen Grundhaltung einen Flirt. Die Schultern bleiben dabei unten, die Haltung ist aufrecht, die Arme und Hände sind offen und die Augen suchen den Kontakt, ohne dem anderen ständig frontal zu begegnen. Man bewegt sich frei im Raum, um keinen Schutzwall um sich herum zu errichten, und lächelt. Das Werbeverhalten eines Menschen verspricht dem Wunschpartner immer Attraktivität. Die Signale der Werbung bestehen daher aus einer Mischung von Muskelanspannungen und sanften, geschmeidigen Bewegungen.
Der nächste Schritt für den Mann wie die Frau besteht im so genannten Werbeimponieren. Es soll zeigen, dass beide in der Lage sind, ihre soziale Umwelt zu dominieren. Sie präsentieren sich beide von ihrer Schokoladenseite, um deutlich zu machen, dass sie die stärksten, schönsten und besten Kandidaten unter all den anderen füreinander sind.

Eine typische Haltung des Mannes erinnert an einen Westernheld.

Wie sich der Mann präsentiert

Ein Mann wird auszustrahlen versuchen, dass er männlich und zu haben ist, dass er aktiv ist und verständnisvoll auf die Wunschpartnerin zugehen kann. Während andere Männer die körpersprachlichen Äußerungen ihres Konkurrenten vielleicht als schmierig und übertrieben wahrnehmen, empfinden Frauen diese lockere Grazie in der Haltung, dem Auftreten und der Sicherheit der Bewegungen als erregend. Auf einer Party oder einem anderen gesellschaftlichen Anlass lehnt der Mann sich z. B. mit dem Rücken gegen eine Wand, spreizt dabei leicht die Beine und schiebt die Hüften nach vorne. Vielleicht steckt er noch die Daumen über den Hosentaschen in den Gürtel und weist mit seinen nach unten hängenden Fingern auf seine Genitalien. Diese Haltung der fast bedrohlich wirkenden Sexualität ist wohlbekannt aus Wildwestfilmen, in denen der Gegenspieler zwar eine Bedrohung für die männlichen Helden darstellt, dafür aber sehr sexy ist. Bei sehr selbstbewussten Frauen kann man dieses Signal ebenfalls beobachten.

Werbeimponierverhalten wird von Geschlechtsgenossen bzw. -genossinnen meist als übertrieben oder affektiert empfunden – beim anderen Geschlecht hingegen verfehlen die Signale nur selten ihre Wirkung.

Wie sich die Frau präsentiert

Typisch weibliche Signale, die dem Mann zeigen sollen, dass sie zu haben ist, bestehen in einem wohl dosierten Repertoire aus Bewegungen des Körpers, der Hüften und der Schultern. Vielleicht schlägt die Frau beim Sitzen die Beine übereinander, um sie zwischendurch zu öffnen und ihre Schenkel zu entblößen. Sie kann sich auch über Brust, Dekolletee oder ihre Oberschenkel streichen. Beim Gehen bewegt sie auffordernd die Hüften oder legt im Stand eine Hand auf die Hüfte. Im Gespräch hält sie den Kopf zur Seite geneigt und stellt mit ihrer Gestik ihr Handgelenk oder ihre Handfläche zur Schau.

Wenn es um das andere Geschlecht geht, werden die eigenen Vorzüge präsentiert.

Eine Reihe dieser Bewegungen wirkt auf andere Frauen einstudiert und affektiert. Der Mann wird es jedoch als posierendes Verhalten einschätzen, das ihm gilt und ihm bedeutet, die Frau will ihn näher kennen lernen, und er soll sich ihr nähern.

Sondierung und Annäherung

Hat man seinen Wunschpartner sondiert, so wird man ihn oder sie offen taxieren, das heißt länger anblicken als es unter Menschen, die sich noch nicht kennen, üblich ist. Man erlaubt dem anderen dabei nicht wegzusehen und kneift ein wenig die Augen zusammen. Zurückhaltendere Bewerber neigen dazu, den Wunschpartner seitlich mit angehobenen Augenbrauen anzusehen, denn so wirkt der Blick verlockend und einladend und ist weniger frontal. In der Regel wird man nun versuchen, den Blickkontakt hin und wieder zu wiederholen, um sich des gegenseitigen Interesses zu versichern. Alle Gesten zeigen nun zu dem anderen hin. Sind bei diesem dieselben Signale sichtbar, kann man getrost davon ausgehen, dass das Werbespiel weitergehen kann.

Aufmerksamkeit erregen

Weitere verlockende Signale sind das Lockern oder Durchstreichen der Haare, die sonstige Berührung des eigenen Körpers – etwa am Hals, an der Taille, am Gesäß – oder das Anfeuchten der Lippen. Sie lenken die Aufmerksamkeit dorthin, wo man sich als attraktiv empfindet. Das so genannte Züngeln als unbewussten Ausdruck der weiblichen Bereitschaft, kann man beim Werbeverhalten ebenso beobachten. Frauen üben es auf Distanz als Aufforderung zum Kontakt aus. Die Zunge wird dabei ein wenig vorgestreckt, oft auch nach der Seite und nach oben an der Oberlippe angelegt. Dabei wird häufig die Oberlippe beleckt.

Das Glattstreichen der Kleidung oder das Zurechtrücken des Schmucks am Hals oder an den Armgelenken dient der Hervorhebung der eigenen Vorzüge und soll dem anderen signalisieren, dass man schön und liebenswert ist. All diese Verhaltensweisen sind unserem angeborenen Körperpflegeverhalten entlehnt und sollen die Aufmerksamkeit des anderen auf uns lenken. Dies gilt jedoch nur, wenn die Bewegungen langsam durchgeführt werden. Andernfalls wirken sie nervös und aufgeregt. Dieses so genannte Präsentieren verstärken Frauen in der Regel durch eine aufrechte Haltung mit vorgestreckter Brust und verschränkten Beinen, um diese von Männern besonders beachteten Körperteile vorteilhaft ins Bild zu setzen. Je bewusster die Präsentationstaktiken eingesetzt werden, desto künstlicher wirken sie allerdings. Dies kann man insbesondere bei Transvestiten beobachten, die in ihrem Werbehalten diese spezifisch weiblichen Signale übertreiben.

Weibliche Antisignale

Wenn eine Frau nicht an einer erotischen Annäherung interessiert ist und daher nicht auf ihr Geschlecht aufmerksam machen möchte, neigt sie in der Gesellschaft von anderen Männern und Frauen zu folgenden Verhaltensweisen:

- Beim Sitzen schlägt sie die Beine so übereinander, dass die Fußknöchel überkreuzt und die Knie zusammengepresst sind.
- Beim Bücken achtet sie darauf, dass der Po nicht in die Luft steht. Gleichzeitig legt sie einen Arm an die gegenüberliegende Achsel, um Einblicke ins Dekolletee zu verwehren.
- Beim schnellen Laufen versucht sie, die Knie nicht auseinander zu nehmen.
- Beim Gehen zieht sie den Magen ein und streckt die Brust vor.
- Auf belebten Straßen wird sie Blickkontakt vermeiden, ausdruckslos blicken und darauf achten, dass alle Kleidungsstücke am richtigen Platz sind und nichts offen steht, das etwas enthüllen könnte. So versucht die Frau entgegenkommenden Männern zu suggerieren, dass sie nicht an einer erotischen Begegnung interessiert ist.

Bei gegenseitigem Interesse versucht man, mit lockenden Gesten die Aufmerksamkeit des anderen auf sich zu ziehen.

Diese Körperhaltungen mögen verklemmt und verspannt erscheinen, doch bestimmen sie das Auftreten der meisten Frauen in Gesellschaft. Dies gilt vor allem in so empfindlichen Bereichen wie dem Berufsleben und bei gesellschaftlichen Anlässen, bei denen gewissermaßen Benimm erforderlich ist. Trotzdem wird man den Eindruck nicht los, dass sich die Frau durch ihre Haltung und die Art ihrer Bewegungen in einer Art Zwangskorsett befindet. Doch sind die meisten Frauen tatsächlich davon überzeugt, dass die Körpersprache weiblicher Demut, die sie und andere mit weiblicher Schönheit gleichsetzen, sie vor dem Schlimmsten bewahren könne.

Synchronisation der Körperrhythmen

Bevor zwei Menschen, die sich sexuell anziehend finden, das erste Mal miteinander sprechen, haben sie bereits einen ganzen Katalog an körpersprachlichen Signalen ausgetauscht. Der Schritt zur Aufnahme des Sprachkontakts ist abhängig von der Gesellschaft, in der man sich befindet. Im Beruf oder auf einer Party ist es in der Regel leichter, ins Gespräch zu kommen, als an einem öffentlichen Ort. Doch auch wenn die beiden umeinander Werbenden ins Gespräch gekommen sind, spielt sich der Hauptteil nach wie vor körpersprachlich ab. Die Stimme wird allerdings (bei sehr gekonnten Bewerbungen) als Begleitinstrument eingesetzt, indem man ihr eine vertraulichere und zärtlichere Klangfarbe gibt. Nun werden die Augen, Lippen und Hände des anderen ständig ins Visier genommen, ebenso seine Bewegungen, die man unbewusst zu kopieren beginnt. Lächelt der eine, so lächelt der andere zurück, nickt er, wird man auch nicken. Diese Synchronisation der Bewegungen sieht man ferner bei Menschen, die sich freundschaftlich nahe stehen und sich schon länger kennen. Sie schafft eine Atmosphäre intimer Vertrautheit und hilft dabei, den anderen über seinen Körperrhythmus kennen zu lernen. Menschen, denen es nicht gelingt, diese Signale aufeinander abzustimmen, empfinden den anderen binnen kurzem als unsympathisch oder nicht auf derselben Wellenlänge liegend.

Komplementäre Signale

Eine andere Möglichkeit, auf diese Rhythmen einzugehen, ist es, sie zu ergänzen. So kann der Werbende beispielsweise versuchen, eventuelle defensive Körpersignale der Umworbenen aufzulockern. Jedes Körpersignal des anderen wird dabei mit dem komplementären Zeichen beantwortet. Hat die begehrte Frau ihre Arme in Verteidigungsstellung verschränkt, sollte er versuchen, seine Arme betont lässig am Körper hängen zu lassen; ist ihre Körperhaltung besonders angespannt, steht er bequem da, wenn er

Durch die Synchronisation der Bewegungen lernt man den anderen besser kennen.

Um auf den anderen einzugehen, kann man die körpersprachlichen Signale mit den komplementären Zeichen beantworten.

sich mit ihr unterhält; ist ihre Mimik etwas verkrampft, lächelt er und wendet ihr all seine Sinnesorgane in einem gelösten Gesichtsausdruck offen zu. Da wir unsere Sinnespforten nur uns angenehmen Sinneseindrücken öffnen, kommt die Botschaft der offenen Augen als entsprechendes Kompliment beim anderen an.

Blicksignale

Nicht zu verwechseln ist dieser mimische Ausdruck mit dem übertriebenen Augenaufreißen bei Frauen im Verlauf eines Flirts. Durch diese Verstärkung des Kindchenschemas löst sie bei ihrem Gegenüber Schutzinstinkte aus und verleiht ihm damit ein Gefühl der Stärke. Vor allem die Werbung vermittelt dieses Frauenbild gerne für ihre Zwecke, wenn die kindlichen Merkmale der Frau neben den sexuellen übertrieben werden: großer Kopf, winzige Nase, Kussmund, zurückgenommene Haare, flache Brüste, und natürlich ist die Frau meist mit wenig Kleidungsstücken versehen. Andere modische Referenzen sind der Empirestil und kurze Röcke. Frauenschönheit ist einerseits die Imitation von Jugend, andererseits entspricht die Frau in ihrer Wertigkeit der des Kindes.

Eine andere Variation des Flirtverhaltens ist das so genannte Katz-und-Maus-Spiel. Dabei konfrontiert die Frau den Mann nicht mit ihrem Blick, sondern trifft ihn seitlich mit angehobenen Augenbrauen. Dadurch wird der Blick lockend, ist jedoch nicht unterwürfig. Er signalisiert vielmehr, dass man die Kraft des anderen wohl wahrnimmt und akzeptiert, selbst jedoch nicht hilflos ausgeliefert ist.

Hat man das Gesicht im weiteren Verlauf der Annäherung öfter einander zugewendet, kann man sich auch beschnuppern, was selbstverständlich auch unbewusst geschieht. Ergänzen sich die Pheromone des einen mit denen des anderen, so wird man den anderen als begehrenswert einordnen und weiter versuchen, ihm näher zu kommen. Dem weiteren Flirt sind nunmehr keine Grenzen gesetzt.

Dem anderen Raum schenken

Die umeinander Werbenden lassen einander immer näher kommen und gestatten dem anderen, bis auf eine intime Distanz heranzukommen. Alle Bewegungen sind offen. Man streckt die Hand in die Richtung des anderen aus, ohne ihn zu berühren und überprüft so instinktiv, ob sich beim anderen Rückzugsbewegungen andeuten. Erfolgt dies nicht, ist der Weg geebnet zur weiteren Annäherung. Es kommt zu gelegentlichen Berührungen, man schenkt sich lange Blicke, die Stimmlagen modulieren zu einem zärtlicheren dunklen Ton. Bei der Berührung werden jedoch alle Tabuzonen vermieden, um keine Abwehrreaktionen zu provozieren.

Andere ausschließen

Befinden sich die umeinander Werbenden in einer größeren Gesellschaft oder sitzen sie in einem Café, kann man beobachten, wie sie sich körpersprachlich gegen Außenstehende abschotten. Körper und Köpfe sind einander zugedreht, sodass sie sich in die Augen blicken können.

Sie werden sich außerdem einander zuneigen und so versuchen, andere auszuschließen. Mit den Armen wird ein geschlossener Kreis gebildet oder die Beine so ausgestreckt, dass sich die Füße beinahe berühren und kein unerbetener Gast den Kontakt beeinträchtigen kann. Normalerweise beginnt der Mann damit, die begehrte Frau gegen andere Konkurrenten abzusperren. Ist die Frau mit ihm und ihrer Wahl einverstanden, wird sie ihrerseits dabei mitspielen, um andere Frauen fernzuhalten.

Die Entscheidung

Nun kommt es in der Regel zu einer Art Rückzugsverhalten. Beide Werbende überprüfen damit, ob es sich wirklich lohnt, füreinander am Ball zu bleiben. Die Frau wendet ihre Aufmerksamkeit plötzlich dem äußeren Geschehen zu und hält keinen Blickkontakt mehr. Der Mann reagiert spiegelbildlich. Das Ganze dauert jedoch nur einige Sekunden, bis sich die beiden einander erneut und unter Umständen intensiver zuwenden.

All diese Strategien, die wortlos nacheinander ausgeführt werden und einem ritualisierten Balztanz gleichen, dienen einzig und allein dazu, genügend Gemeinsamkeiten mit dem bzw. der Auserwählten festzustellen. Ansonsten kann es durchaus geschehen, dass einer von beiden während der Werbung aussteigt, da er ein lohnenderes Objekt der Begierde gefunden hat. Gipfel und Ziel der Werbung schließlich ist die Verführung und sexuelle Vereinigung. Es beginnt mit dem Austausch von Küssen, die in intimere Handlungen des Streichelns, Küssens und Umarmens übergehen.

Im Verlauf des Flirts nähern sich beide einander immer mehr an und suchen vorsichtig die körperliche Nähe des anderen.

Werbesignale können im Geschäftsleben zwar durchaus auftauchen, haben hier jedoch keinerlei sexuelle Zielsetzung.

Fehlinterpretationen vermeiden

Vorsicht ist geboten bei der Deutung von werbenden Körpersignalen in einer Situation, die mit Sexualität nichts zu tun hat. Stellen Sie sich die Situation während einer geschäftlichen Konferenz vor, bei der zwischen den weiblichen und männlichen Teilnehmern sexuelle Begegnungssignale ausgetauscht werden. Zu den Ritualen dieser Als-ob-Werbung gehören ein hoher Muskeltonus, glänzende Augen, eine weichere Stimmlage, das Festhalten des Blickes, den Kopf zur Seite zu legen und das Becken zu rollen. Zeichen, die zum Zwecke einer sexuellen Annäherung ausgesendet werden, weichen geringfügig von denen ab, die beispielsweise im geschäftlichen Umfeld eine nichtsexuelle Zielsetzung haben. Sie verkünden jedoch eindeutig, dass der eine Geschäftspartner Interesse an dem anderen hat, da er ein Geschäft mit ihm abschließen möchte.

Veränderte Signale

Um dies deutlich zu machen, schwächt man die Signale beispielsweise durch das rein geschäftlich verlaufende Gespräch ab, sendet nur ein unvollständiges Signal aus oder lässt ein wesentliches Zeichen weg. Man flirtet also beispielsweise mit den Augen, dreht aber den restlichen Körper weg oder breitet die Arme aus, um andere Menschen deutlich mit einzubeziehen. Ein scheinsexuelles Verhalten dient in erster Linie dazu, sich in einer größeren Gruppe, einer Arbeitsbesprechung, aber auch innerhalb der Familie Interesse zu verschaffen. Sobald ein Mitglied der Runde sich als zu wenig beachtet fühlt, kann es sich auf diese Weise in die Gruppe zurück-»balzen«. Andersherum funktioniert dies ebenso. Verliert einer der Gesprächspartner offenkundig das Gefallen an dem Gespräch und steigt aus, so kann sein Gegenüber oder der Rest der Gruppe ihn durch eben solche Signale wieder zurückholen und zu integrieren versuchen. Zu einer Als-ob-Werbung kann es überdies kommen, wenn schwächere Frauen mit dominanteren Geschlechtsgenossinnen zusammentreffen oder ein Mann sich im Gespräch sehr passiv verhält. Selbstverständlich kann aus einem scheinsexuellen Verhalten jederzeit eine wirkliche Werbung entstehen. Es gibt genügend Menschen, die mit ihren ehemaligen reinen Berufskollegen auf diese Weise private Beziehungen anknüpfen.

4 Wie wir uns körpersprachlich ausdrücken

Neben den körpersprachlichen Ausdrücken, die unsere Stimmung und unseren Gefühlszustand widerspiegeln, gibt es zahlreiche körperliche Signale, um mit anderen zu kommunizieren. Dabei kommt es zunächst darauf an, auf den anderen eine bestimmte Wirkung auszuüben und gleichzeitig seinen körperlichen und geistigen Bedürfnissen durch die Körperhaltung Ausdruck zu verleihen.

Durch deutliche Signale kommunizieren wir mit anderen.

Zu diesem Zweck müssen die Signale, die wir aussenden, eindeutig und stark genug sein, um den anderen durch seine subjektive Wahrnehmungsfähigkeit hindurch zu erreichen. Ob diese Wirkung eintritt, sieht man sofort an der Reaktion des anderen. Verändert er sich auf ein bestimmtes Signal hin, hat er es aufgenommen, in seiner Weise interpretiert und antwortet nun durch Körperhaltung, Gestik und Mimik.

Ist man sich grundsätzlich einig in der körpersprachlichen Kommunikation, so werden die Signale in aller Entspanntheit gegeben. Man öffnet sich dem anderen durch eine offene Arm- oder Handhaltung, durch ein Lächeln, durch aufmerksames Zuhören mit geneigtem Kopf und freie Bewegungen im Raum, die zeigen, dass man sich wohl und nicht eingeschränkt fühlt. Ist die Reaktion hingegen angespannt, und zieht sich der andere in die Unbeweglichkeit zurück oder schützt sich mit gekreuzten Beinen und verschränkten Armen, hat er unsere Signale negativ verstanden.

Selbstverständlich reagieren wir nicht nur auf körpersprachliche Signale mit dem Körper, auch gesprochene Worte und Gedanken lösen Bewegungen aus.

Das Selbstbewusstsein trainieren

Eine dauerhaft positive Einstellung gibt Ihnen mehr Selbstbewusstsein und Sicherheit.

In diesem Zusammenhang spielt die Autosuggestion eine wichtige Rolle, um unsere Körpersprache zu intensivieren und zu steuern. Ein Beispiel ist die folgende Affirmation: »Ich fühle mich gut, ich bin stark, ich kann die Aufgabe, die vor mir liegt, erledigen«. Versuchen Sie einmal an sich selbst, wie eine positive Selbstbeeinflussung sich auf Ihre Stimmung und Ihre Ausstrahlung auswirkt. Stellen Sie sich dazu jeden Morgen, bevor Sie das Haus verlassen oder Ihr Tagwerk beginnen, vor den Spiegel, lächeln Sie sich an, und sprechen Sie diese Affirmationen für Ihr Selbstbewusstsein aus. Die innerlichen Bestätigungen des Selbstwerts übertragen sich bei regelmäßiger Übung auch auf die Körperhaltung. Damit können Sie Ihre Auftritte in der Gesellschaft, im Freundeskreis und in der Partnerschaft zufriedenstellender gestalten. Ebenso wird es sich im Beruf auf Ihr Verhältnis zu Kollegen und Vorgesetzten auswirken und somit Ihr berufliches Fortkommen unterstützen, wenn Sie körpersprachlich selbstbewusster und sicherer werden.

Im Umgang mit anderen

Sowohl im privaten als auch im beruflichen Umfeld kommt es für Sie in erster Linie darauf an, die Gefühle der anderen zu erkennen, um angemessen darauf reagieren zu können. Manchmal werden Sie das Gefühl haben, bei Ihrem Gegenüber passen Wort und Körpersprache nicht zusammen. Das sollte Sie vorsichtig machen, denn Körpersprache kann von entsprechend geschulten Menschen dazu eingesetzt werden, Sie in irgendeiner Weise zu manipulieren. Körpersprache kann überdies die Unwahrheit von Worten verraten, wenn Ihnen jemand Honig um den Bart streicht, in Wahrheit jedoch gezielt eine Falle stellen will. Aber gerade weil ein Teil unserer Körpersprache angeboren und nicht angelernt ist, gibt es niemanden, der seinen Körper vollständig unter Kontrolle hat und sich nicht gelegentlich selbst entlarvt. Dieses Kapitel will Ihnen den Blick für den bewussteren Umgang mit Ihren Mitmenschen schärfen. Vermuten Sie aber nicht hinter jeder Geste eine Falle. Die meisten Menschen werden Ihnen arglos begegnen und dies auch zeigen. Indem Sie deren Bedürfnisse rechtzeitig erkennen, können Sie andere für sich einnehmen und für einen besseren Umgang miteinander sorgen.

Körpersprache kann auch geschult oder antrainiert sein. Denken Sie nur an den »klassischen« Vertreter, der Ihnen ein Produkt verkauft, das Sie eigentlich gar nicht brauchen.

Die Körpersprache der Kinder

Ein besonderes Thema im kommunikativen Miteinander ist der Austausch von körpersprachlichen Signalen bei Kindern. Während dem erwachsenem Menschen das vollständige Repertoire an »angeborenen« und gesellschaftlich verankerten Zeichen zur Verfügung steht, ist dieses Instrumentarium dem Kleinkind noch lange nicht geläufig. Das Kind ist zunächst in seiner Entwicklung damit beschäftigt, einen Stand in der Welt zu finden und Selbstbewusstsein für seine eigenen Fähigkeiten und Talente herauszubilden. Damit ist es noch weit entfernt von einer genauen Kenntnis der schwierigen Abläufe und Konventionen in einer Gesellschaft. Da das Kind nur durch Imitation lernt, ist es ein Spiegelbild seiner Familie und seiner Umgebung. Die überlegte Darstellung seiner Gefühle gelingt ihm erst mit Eintritt ins Schulkindalter.

Kinder verleihen ihren Gefühlen natürlich und direkt Ausdruck; viele Erwachsene haben das im Laufe ihres Lebens bewusst oder unbewusst verlernt.

Von Kindern lernen

Erwachsene haben oftmals ein Problem mit der kindlichen Unbedarftheit und dem natürlichen Ausdruck ihrer jeweiligen Gefühlslage, den sie im Laufe ihres Erwachsenwerdens verlernt oder verdrängt haben. Kinder drücken ihre seelischen Befindlichkeiten sowie Sympathien und Antipathien anderen Menschen gegenüber unmittelbar und ungeschminkt aus. Kinder sind nicht nur die schwächsten Mitglieder der Gesellschaft, sondern auch diejenigen, die häufig übersehen oder übergangen werden. Damit berauben sich viele Erwachsene der Möglichkeit, mehr über sich und den natürlichen Umgang mit Gefühlen sowie Fantasie und Kreativität zu erfahren.

Kinder kommen mit sehr beschränkten Wahrnehmungs- und Ausdrucksmöglichkeiten auf die Welt. Da sie im Gegensatz zu ihren Verwandten aus dem Tierreich früh geboren sind und einer besonders langen Brutpflege durch die Eltern bedürfen, sind sie als Neugeborene völlig hilflos und auf die Fürsorge und Pflege von Vater und Mutter angewiesen, um überleben zu können.

Schwierig ist gerade diese erste Zeit, weil sich das Kind nicht anders mitteilen kann als über körperliche Reaktionen, Schreien, Weinen und im späteren Säuglingsstadium zudem über das Lächeln. Dieses »Kommunikationsproblem« macht das Zusammenleben zwischen Säugling und Eltern manchmal sehr nervenaufreibend, denn die Eltern wissen oft nicht auf Anhieb, was ihrem schreienden Kind fehlt. Wenn die Eltern dann gelernt haben, die Signale ihres Kindes zu deuten, ist bereits ein großer Schritt in Richtung Annäherung getan. Unsicherheiten bleiben in der Regel jedoch so lange bestehen, bis das Kind die ersten Worte sprechen kann. Bis dahin ist es ein langer Weg.

Gespräche im Mutterleib

Schon im Mutterleib beginnt der kleine Mensch mit der Außenwelt zu kommunizieren. Sein Bindeglied ist dabei die Mutter, mit der er über den »Versorgungsschlauch« Nabelschnur verbunden ist und deren Gefühlsregungen er über ihren Herzschlag, ihre Hormonausschüttung und ihre Stimme erfährt. Durch die emotionale Verfassung der Mutter – sei sie stabil oder instabil – lernt das Kind, was Stress bedeutet, was Trauer und Freude sind. Das Ungeborene nimmt jedoch nicht nur passiv auf, es antwortet auch auf Außenreize.

Es »spricht« mit seiner Mutter, indem es sich bewegt, strampelt, seine Hände zu Fäusten ballt und durch andere Körperregungen, sofern ihm diese in dem beengten Raum des Mutterleibes möglich sind. Das Ungeborene reagiert auf diese Weise u.a. auf Lichtreize, die es durch die Bauchdecke hindurch wahrnehmen kann oder auf bestimmte Bewegungen seiner Mutter. Wenn diese beispielsweise während des Schlafes eine für das Kind unbequeme Lage einnimmt, dann meldet sich das Kind durch Strampeln und Stoßen, um der Mutter kundzutun, dass sie eine andere Lage einnehmen soll. Umgekehrt zeigt ein unregelmäßiger Herzschlag oder dauerndes Umherwälzen der Mutter dem Kind an, dass es sich in eine für die Mutter unangenehme Stellung gedreht hat.

Entspannung überträgt sich

Auch auf Entspannungsübungen reagiert das Ungeborene ebenso wie seine Mutter. Yogaübungen, autogenes Training sowie der Bewegungsablauf des Brust- oder Rückenschwimmens sind natürliche Schlafmittel für das Kind. So kann es sich von der Belastung durch Außenreize, die es zwar gedämpft aber doch in ihrem ganzen Ausmaß miterleben muss, erholen.

Diese Reaktionen des Kindes helfen der Mutter, ihr Kind kennen zu lernen, obwohl es noch nicht auf der Welt ist. Sie lernt, welche Bewegungen und Reize von außen dem Kind im Mutterleib gut bekommen und durch welche es sich gestresst oder gestört fühlt. Sie lernt zudem, wie sensibel ihr Kind und wie belastbar sein Nervensystem ist. Dies sind äußerst wichtige Faktoren für den richtigen und fürsorglichen Umgang mit dem kleinen Individuum, das das Licht der Welt noch erblicken wird. Das Kind selbst hingegen erwirbt Körpergefühl und lernt, was es mit seinen kleinen Gliedern anstellen kann, um sich bemerkbar zu machen.

Ein Neugeborenes kann nur durch körperliche Reaktion deutlich machen, wie es sich fühlt.

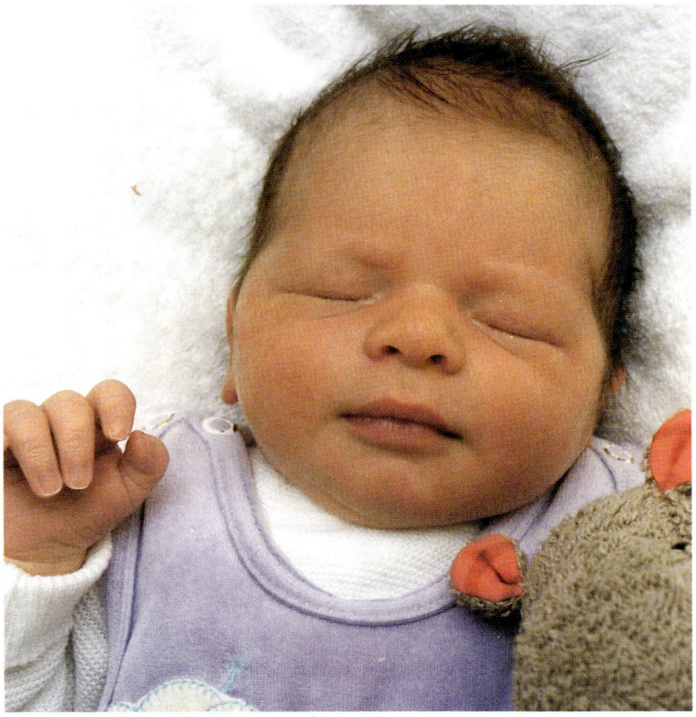

Die postnatale Phase

Die »Gespräche« mit ihrem Ungeborenen können sich für die Mutter in den letzten Schwangerschaftswochen recht anstrengend und belastend gestalten, da das Kind sich immer öfter »zu Wort« meldet, seinem unbändigen Lebenswillen Ausdruck gibt und damit seine Mutter um manche wertvolle Stunde Schlaf bringt. Doch wird

jede Mutter gerade in dieser Zeit ihr Kind immer besser kennen lernen. Sein Wesen ist ihr in den vergangenen zehn Schwangerschaftsmonaten durch diese ganz besondere Kommunikation ohne Worte immer vertrauter geworden.
Die Abnabelung trennt das Kind von der intensiven körperlichen und seelischen Verbindung mit seiner Mutter, und eine ganze Reihe komplizierter biologischer Vorgänge setzen nun ein, die die Mutter-Kind-Bindung festigen sollen. Andererseits zeigen diese, ob das Kind organisch gesund und überlebensfähig ist. Diese Reaktionen äußern sich in Reflexen, also angeborenen körpersprachlichen Signalen, die der Kinderarzt unter anderem sofort nach der Entbindung bei dem Neugeborenen überprüft.

Veränderte Wahrnehmung

Die Form der Kommunikation des Säuglings mit seiner Umwelt, die nun aus mehr Faktoren besteht, ändert sich radikal. Zunächst verändert sich die Wahrnehmung des Babys, das Licht, Lärm, Stimmen und Gerüche auf einmal ungefiltert aufnehmen muss, ohne von dem schutzbietenden Mutterleib umhüllt zu sein. Für das Neugeborene sind die ersten Minuten und Stunden nach der Entbindung der reinste Stress. So dient sein erster Schrei nicht nur der Aufblähung seiner Lungen und dem Ingangsetzen seines Kreislaufes, sondern ist außerdem das unüberhörbare und selbstbewusste Signal an seine Umwelt: Ich bin da! Schützt mich!
In modernen Entbindungskliniken, die Wert auf eine Geburt unter möglichst natürlichen und stressfreien Umständen legen, ist es üblich, das Kind nach der Entbindung nur so kurz wie möglich von seiner Mutter zu entfernen, um die nötigen ärztlichen Untersuchungen durchzuführen. Durch Hautkontakt und Streicheln soll dem Baby dann die gewohnte Umgebung des Mutterleibes ersetzt werden.

> Der wichtigste und erste Impuls, den das Neugeborene verspürt, ist das Saugen. Denn das Kind nimmt seine Umwelt zunächst vor allem über den Mund wahr.

Reflexe – erste körpersprachliche Signale

Die Reflexe des Säuglings dienen uns Erwachsenen als erste Signale des Körpers, die wir deuten können. Durch sie wissen wir, ob dem Kind etwas fehlt oder es organisch gesund ist. Und sie dienen, wie wir anhand des Saugreflexes sehen werden, nicht nur dem Überleben, sondern können auf das vegetative Nervensystem einwirken und dort für tiefe Entspannung sorgen, welche ebenso wichtig für Ausgeglichenheit und Wohlbefinden ist.
Unter einem Reflex versteht man eine Aktion, die auf einen bestimmten Reiz hin regelmäßig auftritt, vom Willen und von der Mitwirkung des Bewusstseins unabhängig ist und automatisch erscheint. Ein Reflex löst über den sogenannten Reflexbogen, das heißt den Weg von der gereizten Körperstelle über das Reflexzentrum im Gehirn zurück zum Erfolgsorgan, eine Muskel- oder Drüsenreaktion aus. Sie kann nur bestimmte Körperpartien oder das gesamte Verhalten beeinflussen.

Der Apgartest

Die Reflexerregbarkeit ist eines von fünf Kriterien des so genannten Apgartests, mit dem Neugeborene unmittelbar nach der Geburt getestet werden. Dabei kommt es darauf an, ob das Baby auf reflexauslösende Reize normal, schwach oder gar nicht reagiert. Daneben wird die Haut auf ihre Rosigkeit geprüft, denn ein blau angelaufenes Kind hat Probleme bei der Anpassung von Atmung und Kreislauf an die neue Umgebung. Die Muskelspannung, die Atmung und der Herzschlag sind weitere Kriterien, die vom Kinderarzt untersucht werden. Während die Muskelspannung aktive Bewegungen erlauben soll und daher weder schlaff noch mäßig sein sollte, müssen Atmung und Herzschlag möglichst regelmäßig

erfolgen und eine bestimmte Frequenz nicht unterschreiten.
Die Ergebnisse des Apgartests stellen erste körpersprachliche Signale des Kindes an seine Umwelt dar, die maßgeblich darüber entscheiden, wie das Neugeborene weiter behandelt wird.

Der Saugreflex

Indem es nach der Entbindung an die Mutterbrust angelegt wird, entsteht nach der Schwangerschaft ein weiteres bedeutsames kommunikatives Band zwischen Mutter und Kind. Das Saugen, ein Reflex des gesunden Neugeborenen, stellt die erste entwickelte Form der Sinnesäußerung dar. Mit dem Mund und mit der Zunge nimmt das Baby Kontakt zur Umwelt auf. Das gilt nicht nur für die Nahrungsaufnahme an der Mutterbrust, sondern ebenso für die Selbstberuhigung. Die meisten Neugeborenen entspannen sich während des Saugens so sehr, dass sie einschlafen. Auf diese Weise werden sie mit der sich von Woche zu Woche intensiver gestaltenden Auseinandersetzung mit der Außenwelt leichter fertig.

In den ersten drei Lebensmonaten ist das Lächeln nicht unbedingt der Ausdruck einer bestimmten Stimmungslage.

Erste Erfahrungen

Das ältere Baby wird erste sinnliche Lernerfahrungen machen, indem es allerlei Dinge in den Mund steckt, um sie zu prüfen. Schließlich könnte rein theoretisch alles essbar sein und so das Überleben des Neugeborenen sichern helfen. Die Zunge dient dabei gleichzeitig als ein Riegel, der den Zugang zum Mund versperrt oder öffnet.
Bei Neugeborenen, die genug getrunken haben oder müde sind, kann man beobachten, dass sie mit ihrer Zunge die überflüssige Nahrung wegschieben oder auch einfach im übertragenen Sinne Störfaktoren abblocken, die den Schlaf beeinträchtigen könnten. In der Regel zeigt das Neugeborene seine Zunge, wenn es bestimmte Reize abwehrt, die es momentan überfordern.

Lächeln, um zu überleben

Ein weiteres körpersprachliches Signal, das bereits Säuglinge aussenden, ist das berühmte Lächeln. Selbst wenn dieses in den ersten Lebensmonaten noch ungezielt ist, hat dieses Lächeln doch seine Funktion: Es stellt Kontakt her und besagt, dass das Kleine schützens- und liebenswert ist. Denn Zärtlichkeit ist für das Baby, wie Studien gezeigt haben, ebenso wichtig, wie die regelmäßige Nahrungszufuhr und genügend Schlaf, um sein gesundes Wachstum zu sichern. Das so genannte »Engelslächeln« ist somit ein wesentlicher Faktor bei der Eltern-Kind-Bindung, der durch das gezielte Lächeln, das etwa ab dem dritten Monat auf dem Gesicht des Babys auftaucht, ersetzt wird. Alle Signale, die das Baby in der ersten Zeit an seine Umwelt verschickt, haben ausschließlich den Sinn, sein Überleben durch Fürsorge und Zärtlichkeit von außen zu sichern.

Die körpersprachlichen Entwicklungsstufen der Kinder

Neben der pränatalen und der unmittelbaren postnatalen Phase kann man bei Kindern verschiedene Stufen der körpersprachlichen Entwicklung ausmachen, die eng an ihre körperliche, geistige und seelische Entwicklung gekoppelt sind. Im Babyalter ist der kleine Mensch noch in der unangenehmen Lage, dass der Körper und seine verschiedenen Gliedmaßen zwar auf eine bestimmte Weise vorhanden, aber nicht richtig kontrollierbar sind. Das Kind hat noch nicht gelernt, Körper und Motorik für seine Zwecke zu nutzen und seine vielfältigen Möglichkeiten zur Beeinflussung seiner Umwelt auszuschöpfen. Dies ist für Babys nur zu oft frustrierend, was sich u. a. in handfesten Wutanfällen äußern kann. Erst durch zahlreiche Lernprozesse wird das Kind im wahrsten Sinne des Wortes begreifen, dass es mit seiner Umwelt durch Signale und den Austausch von Signalen in Kontakt treten kann.

Körpersprachliche Kommunikation

Da das Baby lange Zeit nicht artikuliert sprechen kann, um sich mitzuteilen, findet der Austausch von Signalen während der ersten eineinhalb Jahre zwangsläufig körpersprachlich statt. Bis zum Schulkindalter, wenn das Kind bereits einen recht großen Wortschatz beherrscht, wird die Körpersprache zum unentbehrlichen Kommunikationsrepertoire gehören. Die stammesgeschichtlich angeborenen Zeichen beherrscht es sofort instinktiv, sobald diese in einer bestimmten Situation auf dem Spielplatz oder im Verhältnis zu seinen Eltern gefragt sind. Doch wird es außerdem die gesellschaftlich »verabredeten« körpersprachlichen Signale von seinen Eltern mit der Zeit erlernen. Mit zunehmendem Alter verbessern sich so nicht nur die motorischen und wahrnehmenden Fähigkeiten des Kleinkindes. Es lernt überdies, die verschiedenen Signale zu unterscheiden und ihnen eine bestimmte Bedeutung beizumessen. Erst dann kann das Kind auch bewusst entsprechende Signale aussenden, mit denen es seinen Bedürfnissen Ausdruck verleiht.

Der Bewegungsdrang ist ein Hauptmerkmal der kindlichen Entwicklung. Ein Kind muss seine Umwelt durch Bewegung und Berührung erforschen.

Den Körper beherrschen lernen

Von nun an kann man die weitere Entwicklung des körpersprachlichen Ausdrucks am Prozess der körperlichen Reifung festmachen. Je mehr sich die körperlichen Fähigkeiten herausbilden und das Kind lernt, dass es mit seinem Körper etwas ausrichten kann, desto mehr Ausdrucks- und Kommunikationsmöglichkeiten stehen ihm zur Verfügung. Kinder entwickeln sich in den ersten zwei bis drei Jahren extrem schnell. Sich vom Rücken auf die Seite oder den Bauch zu rollen, Sitzen, Krabbeln, Gehen und Stehen lernt es nacheinander. Parallel dazu lernt es, seinen Kopf zu halten, mit seinem Gleichgewichtssinn umzugehen und seine Hände bewusst als Hilfsmittel beim Erforschen seiner Umwelt, beim Essen und beim Spielen einzusetzen. Jede Entwicklungsphase eröffnet ihm dabei neue Perspektiven, schenkt ihm ein erweitertes Körpergefühl und mit den wachsenden Fähigkeiten auch Selbstbewusstsein. Gleichzeitig ändern sich die Bedürfnisse des Kindes, das nicht mehr ganz so hilflos ist wie zu Beginn seines Lebens, und die Körpersprache, mit der es diesen Bedürfnissen Ausdruck verleiht.

Der Gesichtskreis erweitert sich

Im Kindergartenalter, also im Alter von drei bis fünf Jahren, verändert sich das Sozialgefüge des Kindes, das bis dahin meist rein auf die Eltern und eventuell vorhandene Geschwister sowie engere Familienangehörige, wie etwa die Großeltern, fixiert war. Damit werden wieder neue Kommunikationsformen für das Kind notwendig. Denn nur so kann es weiterlernen und seine Interessen wahrnehmen. Andere Kinder werden zu Spielgefährten und Freunden, mit denen sich das Kind messen und von denen es lernen wird. Mit dem Eintritt in die Schule und in den ersten Schuljahren schließlich, also vom sechsten bis zum zehnten Lebensjahr, bekommen die Kinder nicht nur ein besseres Stehvermögen. Sie können relativ problemlos ihr Gleichgewicht halten, laufen, springen und komplizierte Bewegungsabläufe durchführen, die bisweilen halsbrecherischen Charakter haben können. Man spricht in diesem Alter auch davon, dass die Kinder mehr an »Biss« gewinnen, um sich stärker und selbstbewusster mit ihrer Umwelt und den ständig steigenden Anforderungen auseinanderzusetzen. Dieser »Biss« ist insofern wörtlich zu verstehen, da die Milchzähne jetzt durch die stabileren zweiten Zähne verdrängt werden, die es bis ins Erwachsenenalter behalten wird.

Nur von und mit anderen kann ein Kind lernen und sich dadurch seine Persönlichkeit immer weiter entwickeln.

Orientierung an den Eltern

Parallel dazu entwickelt sich die Fähigkeit zum analytischen Denken und das soziale Bewusstsein der Kinder. Gesellschaftliche Unterschiede und Rangabstufungen werden von Kindern nicht nur bei Gleichaltrigen bewusst wahrgenommen und in ihr Verhalten integriert. Selbstverständlich spielt hier – wie in allen wesentlichen Lebensbereichen – das Vorbild der Eltern, die die Kinder lange Zeit widerspruchslos imitieren, eine große Rolle. Auch die eigene Position innerhalb der Gruppe oder der Familie wird von dem Kind in diesem Alter selbstverständlicher als bisher übernommen. Ab ungefähr dem zehnten Lebensjahr verfügen schließlich Kinder über ein ähnlich breites Spektrum körpersprachlicher Ausdrucksmöglichkeiten wie Erwachsene.

Auch Kinder haben das Recht auf ihren persönlichen Raum und wehren Eindringlinge ab.

Das Raum- und Zeitverhalten

Kinder brauchen ein festen Gewohnheitsrahmen, der ihnen Stabilität schenkt in einer Welt, die tagtäglich Neues und Aufregendes zu bieten hat. Aus diesem Grund ist es für Eltern besonders wichtig, dass sie feste Rhythmen und Rituale einführen, auf deren gleichmäßigen Ablauf sich schon das Baby einstellen kann. Dazu gehört auch eine gewisse Abstimmung der Bewegungsabläufe, mit denen die Kleinen konfrontiert werden. Kinder haben hochempfindliche Seismographen in sich, die Stimmungen, Stress oder »dicke Luft« zwischen den Erwachsenen sofort aufnehmen, obwohl diese meinen, sich in Gegenwart der Kleinen zusammenzunehmen und sich nichts anmerken zu lassen. Die meisten Kleinkinder reagieren höchst empfindlich auf zu schnelle oder hektische Bewegungen ihrer erwachsenen Bezugspersonen. Dies ist gerade beim Wickeln oder Füttern des Kindes von Bedeutung. Zu rasche und ungeduldige Bewegungen, wie etwa das Herumfuchteln mit einem Löffel vor seinem Gesicht, verwirren das Kind. Aufgrund seiner noch mangelhaft ausgebildeten Motorik kann ein Kind nicht angemessen darauf reagieren und empfindet es deshalb als bedrohlich und einschüchternd.

Unerwünschte Nähe oder Zärtlichkeit wird von einem Kind häufig als Bedrohung empfunden.

Die Distanz wahren

Überdies gilt bereits für die ganz Kleinen ebenso wie für Erwachsene, dass eine gewisse räumliche Distanz ihnen gegenüber eingehalten werden muss, um ihr Wohlbefinden nicht zu beeinträchtigen. Diese Intimsphäre sollte auf jeden Fall gewahrt werden, um dem Kind im Übrigen die Wahrnehmung zu erleichtern. Auf zu weite Entfernungen können Babys anfangs nur sehr wenig erkennen, auf zu geringe Distanz sehen sie oft gar nicht. Eltern haben aber schnell das Gefühl für die richtige Distanz, in der ihr Kind sie wahrnimmt und die es als wohltuend empfindet. Denn der so genannte richtige Abstand bietet dem Kind einerseits Schutz, andererseits hat es genügend Freiraum, um sich gemäß seiner Möglichkeiten entfalten zu können. Diese Distanz sollte vor allem von außenstehenden Personenen, die nicht zum engsten Familienkreis gehören, gewahrt werden. Sie sollten ihr Kind daher vor überschwenglichen Freundlichkeitsbekundungen Fremder schützen, die ihm zu nahe kommen, um es zu streicheln oder zu berühren.

Je älter das Kind wird, desto größer wird die Entfernung zu seinem Gegenüber, bis sie letztendlich derjenigen eines Erwachsenen gleicht. Schon Neugeborene haben demnach ein Gefühl für den sie umgebenden Raum und reagieren negativ auf Verletzungen des eigenen Territoriums. Kinder drücken ihr Unwohlsein, das sie bei zu großer Nähe eines anderen Menschen empfinden, sehr direkt aus. Sie schreien auf oder wenden den Kopf deutlich ab, um zu zeigen, dass sie keinen weiteren Kontakt wünschen. Später kommen noch die Hände dazu, mit denen sie eindeutige Abwehrhaltungen signalisieren.

Kinder lernen im allgemeinen sehr schnell, die körpersprachlichen Signale Erwachsener und Gleichaltriger zu deuten.

Das Eltern-Kind-Verhältnis

Kinder gieren nach der Aufmerksamkeit ihrer Eltern und der anderer Erwachsener. Ein großer Teil ihres Selbstwertgefühls speist sich aus der Auseinandersetzung der Großen mit den Leistungen der Kleinen. Zudem gelten die Erwachsenen für die Kinder in der Regel als allwissend und allmächtig. Sie müssen viele Fragen beantworten und klären helfen, damit die Kleinen die Welt leichter verstehen lernen und ihren Standpunkt in ihr finden können. Kinder haben ein sehr feines Gespür dafür, wann ihnen die ungeteilte Aufmerksamkeit geschenkt wird und wann man sie halbherzig abspeisen will. Schließlich sind sie exzellente Beobachter und können schon sehr früh zwischen körpersprachlichen Signalen unterscheiden, die Zuneigung oder geistige Abwesenheit beim anderen bedeuten. Aus diesem Grund verlangen Sie, wenn sie es für nötig halten, die volle Zuwendung und den Blickkontakt mit dem ganzen Gesicht ihres Gegenübers. Nur so können sie sich sicher sein, dass der Erwachsene, dessen Urteil ihnen wichtig ist, auch wirklich zusieht und genau zuhört. Bekommen sie hingegen nur das Profil oder den abgewandten Körper gezeigt, dann merken sie förmlich, dass sie nicht »für voll genommen« werden und dass ihr Anliegen dem Erwachsenen nicht wichtig ist, obwohl es für das Kind in diesem einen Moment alles bedeutet.

Schau mir in die Augen

Ähnlich wie es einem Erwachsenen unangenehm ist, wenn ein anderer während des Gesprächs den Blickkontakt unterbricht oder ganz aussetzt, spürt auch das Kind mangelnde Aufmerksamkeit und reagiert frustriert oder verletzt. Stehen dem Erwachsenen meist diverse Gesten zur Verfügung, mit denen er sich so verstellen kann, als ob ihm die Kränkung nichts ausmachen würde, ist das Kind hingegen völlig hilflos und sein Selbstbewusstsein erfährt einen herben Dämpfer. Die Folgen sind in der Regel ein Hang zur Unruhe und Zappeligkeit sowie aktive Versuche, die volle Zuwendung zu bekommen; das heißt durch Schreien oder eigene Abwendung das Gewünschte zu erhalten. Wenn die Kinder älter sind, stehen ihnen andere Möglichkeiten offen, um Aufmerksamkeit zu erregen. Erwachsene empfinden dieses – durch sie verursachte – Verhalten meist als aufdringlich; sei es, dass das Kind etwas Unerlaubtes tut, um endlich im Mittelpunkt zu stehen.

Die Umwelt entdecken

Neugier und Staunen sind typisch kindliche Züge, die sich mit dem Erwachsenwerden leider oft verlieren und einer abgeklärten Haltung Platz machen. Kinder wollen die Dinge, die sie in ihrer unmittelbaren Umwelt wahrnehmen, immer näher betrachten und berühren. Der staunende Blick mit weit aufgerissenen Augen, offenem Mund, leicht geblähten Nasenflügeln und erhobenem Kopf ist typisch für ein Kind, das seine Sinne offen der Außenwelt zuwendet. So unverfälscht wird es Reize nicht mehr lange aufnehmen dürfen; gilt doch ein solcher Gesichtsausdruck, kombiniert mit der entsprechenden Kopfhaltung, beim Erwachsenen für töricht. Dies ist insofern schade, als man sich dadurch einer Menge Informationen beraubt, die im Zweifelsfall helfen könnten, Situationen besser einzuschätzen und angemessener auf sie zu reagieren.

Kleine Kinder stecken überdies noch jeden Gegenstand in den Mund, um das geheimnisvolle Ding, das es zu erforschen gilt, auch zu schmecken. Beobachtet man kleine Kinder dabei, wie sie sich konzentriert beschäftigen, fällt auf, wie sehr sie mit jeder Faser ihres Körpers dabei sind, das Neue kennen zu lernen und auf seine Tauglichkeit und Ungefährlichkeit zu prüfen. Der Blick ist starr auf die Sache, mit der sie sich beschäftigen, gerichtet, die Hände versuchen sie zu erfühlen, der Mund sie zu schmecken. Schließlich entscheiden Geschmack und Geruch eines Dings – und eines Menschen! – über spontane Sympathie oder Ablehnung.

Durch Berührung lernen Kinder die Welt um sich herum kennen und verstehen.

Die Neugierde unterstützen

Manche Eltern haben mit diesem Verhalten ihrer Kinder Probleme. Sie befürchten, ihr Kind könnte einem Mangel an Hygiene anheim fallen, sich bekleckern oder wertvollere Gegenstände in seinem Forschungsdrang demolieren. Dabei übersehen sie, dass das Kind lediglich seiner natür-

lichen Neugier nachgeht und sein Interesse an einem Objekt meist nicht von allzu langer Dauer ist, sofern man es in Ruhe forschen lässt. Kleine Kinder fordern ständige Abwechslung. Vor allem bewegliche Gegenstände wecken die Neugier von Babys: Bewegliches ist zugleich Veränderbares. Damit ist Spannung und Dynamik beim Spiel geboten, was wiederum die kindliche Neugier weckt.
Je mobiler das Kind wird, desto mehr kann es seine Umwelt erfassen – und anfassen. Für Erwachsene ist diese Art der fortgeschrittenen Neugier ein zwiespältiges Erlebnis. Einerseits ist ein neugieriges Kind ein waches Kind, andererseits kann die ständige Neugier auch zur Nervenprobe werden, da man ständig allen möglichen Unfallgefahren vorbeugen muss, die dem kleinen Entdecker zum Verhängnis werden könnten. Dennoch sollten Sie stets bedenken, dass kindliche Neugier ausgesprochen positiv ist. Das Kind will mit seiner Umwelt in Berührung kommen, sie kennen lernen und sich aktiv mit ihr auseinandersetzen.

Ein Spielzeug wird dann langweilig und uninteressant, wenn es genügend erforscht und verstanden wurde.

Reize richtig dosieren

Umgekehrt ist Langeweile für Kinder das Schlimmste. Wenn ein Kind unruhig ist, dann ist oft der Mangel an Reizen und Informationen das Problem. Wie jeder mimische Ausdruck ist auch Langeweile auf einem Kindergesicht überdeutlich ablesbar, denn ein Kind bemüht sich nicht, seine Gefühle zu verbergen. Der verschleierte Blick, das leicht nach unten gezogene Kinn, der Kopf, der vor Müdigkeit nach vorne fallen will, und der geschlossene oder nur leicht geöffnete Mund zeigen, dass die Sinneskanäle nur mit halber Kraft arbeiten. Langeweile äußert sich meist mit den gleichen Symptomen. Anstatt Ihr Kind also bei jedem ersten Gähnen gleich ins Bett zu stecken, sollten Sie sich vielmehr überlegen, ob es mit seinen matten Augen nur nach einem neuen Reiz Ausschau hält.
Wird das Kind in einer solchen Situation stimuliert, wird es schnell wieder das so genannte Spielgesicht aufsetzen, in dem Augen, Mund und Nase sofort dem interessanten Geschehen gegenüber geöffnet sind. Deshalb sollte es ein Grundanliegen von fürsorglichen Eltern sein, ihrem Kind, sofern es nicht schläfrig und müde ist, Abwechslung im Spiel zu verschaffen. Erst durch neue Reize kann es ein neues Stück seiner Umwelt erfassen. Denken Sie dabei daran, dass Kinder meist sehr schnell lernen und es nichts mit Oberflächlichkeit zu tun hat, wenn ein Kind in kurzen Abständen ein neues Spielzeug begehrt. Kinder brauchen nicht unbedingt reguläres Kinderspielzeug, sondern finden alltägliche Haushaltsgegenstände mindestens genauso spannend und untersuchenswert.

Was Kinderaugen ausdrücken

Da Kinder ihre Körpersprache in Reinform einsetzen, da ihnen das Maskentragen der Erwachsenen und gesellschaftliche Übereinkünfte noch völlig fremd sind, lassen sich Gefühlsregungen an ihnen besonders gut betrachten.

Die Augen eines Kindes spiegeln jede einzelne Gefühlsregung wider.

Angst

Dies gilt beispielsweise für den Ausdruck der Angst. Ein Kind, das davon überzeugt ist, einen Fehler gemacht zu haben und dabei ertappt wurde, zieht den Kopf ein und bewegt nur noch die Augen. Einerseits will es sich durch keine Kopfbewegung verraten, andererseits suchen die Augen nach einem Ausweg aus der misslichen Situation. Das Kind hat sich in Fluchtbereitschaft versetzt. Angst ist ein sehr nützliches Gefühl für Kinder. Sie schützen sich damit gegenüber Überforderung, gegen Fremdes und im Zweifelsfall gegen Fremde. Wenn ein Kind Angst verspürt, so reißt es die Augen weit auf, nimmt den Kopf zurück, hebt die Schultern und spannt alle Muskeln an. Wenn ein Erwachsener einem Kind in einer solchen Lage den Grund für die Angst nimmt und es beruhigt, wird es sich schnell wieder normal bewegen und die Haltung lockerer. Die Muskelanspannung lässt nach, die Körperhaltung entspannt sich und es bewegt den Kopf wieder frei nach allen Seiten.

Schreck und Neugier

Bei einem Schreckmoment zieht das Kind alle Gliedmaßen von dem Schreckauslöser zurück und kneift die Augen zusammen, um den empfindlichsten Teil seines Gesichts zu schützen und das vielleicht Bedrohliche nicht mehr sehen zu müssen.

Kindliche Neugier kommt ganz besonders durch die Augen des Kindes zum Ausdruck. Dabei wird der Blick stets auf das Objekt der Neugier gelenkt, bevor die Hände danach zu greifen versuchen oder durch Krabbeln oder Gehen der ganze Körper in Bewegung versetzt wird. Besonders gut ist dies an beweglichen Gegenständen zu beobachten, denen das Kind wie bei einem Tennismatch aufmerksam mit den Augen folgt.

Umgekehrt wendet das Kind den Blick von ihm unangenehmen Dingen ab, etwa überflüssiger Nahrung bei einem Gefühl der Sättigung oder einem zu aufdringlichen Menschen, oder schließt gar die Augen davor. Es will den störenden Reiz mit keinem seiner Sinneskanäle mehr aufnehmen. Um das weitere Wohlbefinden nicht zu gefährden, werden überflüssig erscheinende Reize durch eindeutige Signale abgeblockt.

Das Verhalten der Eltern

Nachahmung der Eltern stellt in den ersten Lebensjahren des Kindes den Grundstock aller Lernerfahrungen dar. Aus diesem Grunde ist es so wichtig, Kindern zu Erfahrungen zu verhelfen, die sie sammeln können. Das beinhaltet auch das Einbeziehen der körpersprachlichen Signale des Kindes in das Verhalten der Erwachsenen. Ein Kind, das über die ihm angeborenen

Zeichen keine Beachtung findet und somit zum Stummbleiben verurteilt ist, greift automatisch zum letzten Mittel, das in der Regel wirkt: Schreien. Um nervenaufreibenden Schreigewittern aus dem Weg zu gehen, sollten Sie daher schon zeitig die Signale ihres Kindes beachten, selbst wenn Sie einmal keine Zeit oder Lust haben, Ihr Kind für längere Zeit zu unterhalten. Machen Sie ihm klar, dass es verstanden wurde, auch wenn sein Wunsch keine weitere Beachtung findet oder die Erfüllung verschoben wird. Ansonsten wird ihr Kind sich mehr auf die beeindruckende Wirkung verbaler oder vielmehr lautstarker Äusserungen verlassen, um wahrgenommen zu werden. Auf körpersprachliche Zeichengebung, die zu einem seelisch gesunden Menschen gehört, wird es mit der Zeit ganz verzichten. Eine linkische Körperhaltung und versteckt wirkende Gesten sowie eine nervöse, schwer einzuschätzende Mimik sind dann beim größeren Kind, das mit dauerndem Aufmerksamkeitentzug bestraft wurde, bemerkbar.

Werden die körpersprachlichen Signale eines Kindes völlig ignoriert, wird der kleine Mensch irgendwann dazu übergehen, auf diese Zeichen gänzlich zu verzichten.

Manchmal ist es nur ein auffordernder Blick, mit dem das Kind seinen Wunsch zu spielen oder getragen zu werden ausdrückt, ein anderes Mal nimmt es die Arme hoch oder dreht den ganzen Körper in die Richtung der Eltern, um beachtet zu werden. Diese eindeutigen Gesten sollte man positiv beantworten. Nur durch seine Eltern lernt das Kind in den ersten Lebensjahren auch mit anderen zu kommunizieren und sich verständlich zu machen.

Ein lautstarker Streit kann durchaus dazu dienen, die Aufmerksamkeit der Eltern zu erregen.

Mit Kindern richtig körpersprachlich sprechen

Da Kinder über einen geringen körpersprachlichen Erfahrungsschatz verfügen und sich anfangs nicht verbal ausdrücken können, fehlt ihnen nicht nur die Fähigkeit, genau über ihre Befindlichkeit Auskunft zu geben; Ihnen mangelt es auch an Sinn und Verständnis für Ironie oder gar Zynismus. Doppelbödigkeit sollte daher im Gespräch mit dem Kind vermieden werden, um es nicht zu verwirren oder zu beunruhigen. Wenn Sie Ihrem Kind etwas erlauben oder verbieten, dann müssen Sie das sowohl über die Signale Ihres Körpers als auch verbal über die Melodie Ihrer Stimme zum Ausdruck bringen. Kinder reagieren vor allem auf die Stärke und die Modulation Ihrer Stimme und verbinden Inhalte

und Klänge miteinander, auch wenn sie den gesprochenen Inhalt – noch – nicht verstehen können.
Deshalb ist es wichtig, dass beide Signalschienen, die körpersprachliche und die verbale, parallel laufen und sich nicht widersprechen, damit das Kind von vornherein Tonfall und Inhalt der Aussage richtig miteinander kombiniert. In der Regel werden laute und kurze Töne mit Verboten in Verbindung gebracht, während ruhige, weiche und fließende Klänge für Zustimmung und Erlaubnis stehen. Passen Mimik und Tonfall zusammen, begreift das Kind das Verbot, die Erlaubnis, die Strafe oder die Beruhigung. Wird ein Verbot durch ein Lächeln und sanften Tonfall begleitet, um das Kind lächerlich zu machen, so kann es das Verbot als solches nur schwer verstehen. Der Vertrauensverlust in den Erwachsenen, der auf diese Weise mit ihm kommuniziert, ist für das Kleinkind immens. Umgekehrt wird es auch eine Zustimmung oder Aufforderung nicht begreifen, wenn diese im Tonfall eines Verbotes ausgesprochen wird.

Die Gefühle der Kinder beantworten

Das Bedürfnis, seine Neugier und auch seine Gefühle mitzuteilen, ist bei jedem Kind sehr groß. Während Grundbedürfnisse, z. B. Gegenmaßnahmen bei Hunger, Kälte oder Nässe, sofort befriedigt werden und auch die Neugier gestillt wird, haben viele Eltern ein Problem im Umgang mit den intensiven Gefühlen ihrer Kinder. Sie haben sich im Laufe ihres Lebens zu weit von ihren Wurzeln entfernt und empfinden die direkte Art des Kindes als befremdlich. Ein Kind, das Spaß am Spielen und am Entdecken neuer Gegenstände hat, will dieses Vergnügen jedoch mitteilen und steigern. Dafür ist es wichtig, dass sein »Mitspieler«, zu Beginn handelt es sich dabei in der Regel um die Eltern, positiv auf seine Gefühle reagiert. Kinder erschöpfen beim Spiel schneller als Erwachsene, haben aber nach einer kurzen Pause meist ein unbändiges Verlangen weiterzuspielen.
Um dem Kind eine möglichst umfassende, das heißt auch Höhepunkte einschließende Gefühlswelt zu vermitteln, sollten Eltern darauf achten, wann ihr Kind eine Spielpause braucht. Man merkt dies daran, dass das Kind weniger schnell reagiert, die Muskelanspannung nachlässt, der Blick dem Spielzeug nicht mehr folgen will oder es sich ablenken lässt. Nach der Pause sollte das Spiel bis zur nächsten Pause fortgesetzt werden, wobei das Kind den Spielrhythmus vorgibt. Brechen die Eltern das Spiel hingegen vorzeitig ab, bleibt dem Kind das intensivere Gefühlserlebnis vorenthalten.

Körpersprache bei heranwachsenden Kindern

Krabbeln und Gehen sind zwei elementare Stufen wähend der Entwicklung eines Kindes, da die Möglichkeit der selbstständigen Fortbewegung für die Kinder einen gewichtigen Schritt in der Loslösung von seinen Eltern darstellt. Körpersprachlich eröffnen sich den Kindern damit Fluchtmöglichkeiten, die ihnen als Babys vorenthalten waren. Daher probieren Kinder natürlich auch sehr schnell aus, wie weit sie sich von Vater oder Mutter wegbewegen können. Zunächst halten sie anfangs ständigen Augenkontakt mit den Eltern, so als ob sie sich rückversichern wollten für den Fall, das etwas geschehen könnte.
Für Eltern ist dieser körpersprachliche Ausdruck der ersten Abwendung sowie des ersten Schritts in die Selbstständigkeit nicht immer einfach zu verkraften. Dabei geht es ihnen weniger um die richtige und wichtige Entwicklung ihres Kindes zu einem selbstständigen Wesen als um ihre eigene Rolle als unabdingbare Fürsorgepersonen ihres Kindes. Kinder müssen jedoch ihre eigenen Wege gehen, um auch später eigenverantwortlich leben zu können. Deshalb ist es notwendig, sie schon in diesem frühen Stadium damit beginnen zu lassen und dennoch weiterhin schützend die Hand über sie zu halten.

Wer mit den Füßen aufstampft, will seinen Standpunkt nicht aufgeben und beharrt lautstark darauf.

Auch Kinder vertreten Standpunkte

Selbst wenn Kinder zu Anfang oder binnen ihres zweiten Lebensjahres das Laufen gelernt haben, dauert es noch ein paar Jahre, bis sie den vollen Kontakt zur Erde halten können. Oft sind die Füße bei den ersten Schreitversuchen noch nach innen gedreht, so dass nicht die ganze Fußsohle den Boden berührt. Sie stehen noch nicht so fest auf dem Boden wie später Teenager oder Erwachsene. Dies ist auch als sinnbildliches Zeichen zu werten: Kinder stehen noch nicht auf dem festen Boden der Tatsachen, sondern bewegen sich immer noch zur Hälfte in ihrer Fantasie- und Gefühlswelt. Daher reagieren Kinder auch manchmal unvorhergesehen, straucheln, stolpern, laufen oder hüpfen von einem Punkt zum anderen, da sie körperlich nur nachvollziehen, was sie in ihrer geistigen Beweglichkeit schon längst vollbracht haben.

Umgekehrt übertreiben Kinder körpersprachlich ihren Ausdruck, wenn sie einen Standpunkt nicht aufgeben wollen. Die Beine sind dabei durchgestreckt oder sie stampfen mit den Füßen auf dem Boden, um der Welt kundzutun, dass sie hier stehen und sich nicht fortbewegen. Die stärkste Ausdrucksmöglichkeit, mit der Kinder in der Regel auch am meisten Aufmerksamkeit erregen, ist das Hinwerfen auf den Boden. Geht es besonders temperamentvoll zu, werden auch gerne Fäuste und Füße zuhilfe genommen, die lautstark auf den Boden trommeln; das Ganze wird begleitet von ohrenbetäubendem Geschrei. Dies ist ein Ausdruck von Trotz und absoluter Unbeweglichkeit vom eigenen Standpunkt.

Zustimmung und Ablehnung

Kinder spielen mit allem, was ihnen Spaß und Abwechslung verspricht. Das schließt neben den pädagogisch verträglichen Spielsachen die Videokamera des Vaters genauso ein wie Mutters Badezusätze oder das von den Eltern zubereitete Essen. Gerade beim letztgenannten lässt sich das Phänomen der körpersprachlich ausgedrückten Zustimmung oder Ablehnung des Kindes besonders gut ablesen.

Die typische Trotzreaktion ist ein deutliches und endgültiges »Nein!«.

Über das Ja und Nein und vor allem die Respektierung seiner Reaktionen seitens der Eltern erfährt das Kind sich selbst. Dies ist für Eltern nicht immer einfach zu verstehen, da sie eher Hunger oder Sättigung mit dem Essen verbinden als das Spiel von Ja und Nein, um das es dem Kind in der Regel geht; zumal das Essen ein besonders geeignetes Feld ist, um die eigene Wirkung auszuprobieren, denn auf kaum einem anderen Gebiet erfährt es so große Aufmerksamkeit von seinen Eltern wie bei der Nahrungsaufnahme, die ängstlich beäugt wird, da das Kleine ja rund und gesund werden soll.

Als ob die Kleinen wüssten, wie wichtig den Eltern das Spektakel des Essens ist, so wollen sie auch hierbei ihre Grenzen kennen lernen und verweigern es beispielsweise demonstrativ. Meist beginnt dieses Spiel, wenn der erste Hunger gestillt ist. Das können Sie als Erwachsener vor allem daran erkennen, ob das Kind trotz geschlossenem – ablehnenden – Mund dem Essen und Ihnen als dem Gebenden zugewandt ist und Blickkontakt hält. Auch zusätzliche Abwehrgesten wie das Greifen nach dem Löffel, der in die räumliche Intimsphäre des Kindes eindringt, können Teil dieses Spieles sein.

Im Umgang mit anderen Menschen sind Konfrontationen in der Regel unvermeidlich. Bei Kindern und bei Erwachsenen finden sich gleichermaßen angeborene Verhaltensweisen wie Angriff oder Flucht bzw. die Vermeidung eines Konflikts.

Die Ablehnung akzeptieren

Als Eltern sollten Sie dieses Spiel unbedingt akzeptieren und nicht gewaltsam den Löffel zum Mund führen, sondern den Löffel mit dem Essen in angemessener Distanz halten, um ihn als lockendes Angebot wirken zu lassen. Wendet sich das Kind dagegen vom Löffel und von Ihnen ab, dann hat es genug vom Spiel und vom Essen. Akzeptieren Sie seine Ablehnung auf jeden Fall, auch wenn die Hälfte des Essens stehen geblieben ist. Jedes Kind weiß instinktiv, wieviel Nahrung ihm bekommt und was zu viel ist.

Konfrontation und Aggression bei Kindern

Heranwachsende Kinder kommen mit dem Eintritt in den Kindergarten oder in die Schule in Kontakt mit neuen Menschen und müssen sich mit ihnen zwangsläufig auseinandersetzen. Dabei kommt es genauso zu Konfrontationen wie unter Erwachsenen. Interessanterweise zeigen Kinder auch dieselben Verhaltensschemata: Entweder reagieren sie aggressiv und stürmen auf ihren Gegner los oder sie fliehen vor der Gefahr und laufen weg. Andere Möglichkeiten der Konfrontationsbewältigung sind die Vermeidung durch Verstecken oder Unterwerfung unter den Stärkeren oder der Ruf nach Verstärkung und Zusammenschluss mit anderen. Diese Reaktionsmuster sind uns als angeborene Verhaltensweisen vertraut und unterscheiden sich daher zwischen Kindern und Erwachsenen nicht. Wie ein Kind auf eine jeweilige Konfrontation reagiert, hängt von verschiedenen äußeren Faktoren ab. Doch gibt es Kinder, die zu speziellen Lösungswegen neigen, da sie durch Erziehung oder Vorbilder vorgeprägt wurden.

Verhalten bei einer Konfrontation

Ein Kind, das sich der Auseinandersetzung stellt, nimmt eine aufrechte Haltung an und blickt dem Kontrahenten direkt ins Gesicht. Jedes Zeichen von Unsicherheit oder Angst wird vermieden. Bei der Unterwerfung kann man hingegen das gleiche Verhalten registrieren wie bei unseren Verwandten im Tierreich, allen voran den Primaten. Der Hals wird in der Demutshaltung durch eine seitliche Kopfhaltung freigelegt. Das heißt sowohl, dass der andere nach Belieben zubeißen kann, als auch, dass dies aufgrund der Unterwerfungsgeste nicht erwartet wird. Es kann aber auch einfach nur bedeuten, dass das

In Auseinandersetzungen können Wege zur Konfliktlösung gesucht und gefunden werden.

Kind, das diese Haltung einnimmt, einen Konflikt friedlich lösen will, ohne von vornherein seine Position aufzugeben.
Fliehen und Verstecken sind archaische Verhaltensmuster, die bei Kinderspielen eine große Rolle spielen. Durch das Spiel bilden die Kleinen die Wirklichkeit ab, die sie später erwartet. Sie lernen dabei auch, dass Flucht ein Weg ist, Konflikte zu vermeiden, ohne das dahinterliegende Problem zu lösen. Die gesellschaftlich verträglichste Verhaltensweise hingegen ist der Ruf des Schwächeren nach Hilfe, da dieser auch gleichzeitig das Zusammenhalten mit anderen Kindern oder Erwachsenen beinhaltet.

Aggressives Verhalten

Aggressionen sind kein Privileg der Erwachsenen. Kinder sind nicht mehr oder weniger kampfeslustig und wutentbrannt als die Großen, auch wenn viele Menschen Aggressionen bei Kindern nicht wahrhaben wollen. Dabei haben Kinder aufgrund ihrer körperlichen Unterlegenheit viel häufiger Grund zu aggressivem Verhalten. Es äußert sich bei Kindern in verzogenen Gesichtszügen, einer lauten Stimme und häufig der Gewaltanwendung gegenüber Sachen oder Personen. Sei es die Puppe, die aus Frust auseinander genommen wird oder der ungeliebte Klassenkamerad, mit dem man sich auf dem Schulhof prügelt. Aggression ist bei Kindern ein normales und in der Regel zielgerichtetes Verhalten. Es bedingt entweder die Erreichung eines Zieles oder die Abwehr einer Bedrohung. In beiden Fällen handelt das Kind aus einer nachvollziehbaren Interessenlage und weiß sich nicht mehr anders zu helfen. Während Jungen ihre Aggressivität meist deutlicher ausleben und dies auch von den Eltern eher toleriert wird, ist Aggressivität bei Mädchen eher passiv ausgerichtet. Jungen wollen aggressiv ein Ziel verwirklichen, während Mädchen vornehmlich bei der Verteidigung zum letzten Mittel greifen. Die Grenzen zwischen den Geschlechtern sind jedoch fließend. Interessanterweise gibt es weniger aggressive Jungen als Mädchen.

Aggressives Verhalten entspringt oft der eigenen Hilflosigkeit einer bestimmten Situation gegenüber. Das Kind sieht keine andere Möglichkeit zur Lösung seines Problems. Es weiß in diesem Moment nicht mehr weiter und verleiht seinen Gefühlen durch Aggression Ausdruck.

Richtiger Umgang mit Kindern

Wer als Erwachsener fremden Kindern begegnet, seien es die Kinder von Freunden oder Geschäftspartnern, sollte im Umgang mit ihnen ein paar Dinge beherzigen. Wollen Sie sich die Sympathie oder gar das Zutrauen der Kleinen erwerben, begeben Sie sich auf eine Ebene mit ihnen.

Da ist zunächst der Augenkontakt, den Sie unbedingt herstellen sollten. Entweder knien Sie sich hin, oder Sie beugen sich hinunter, damit Ihnen die Kinder in die Augen schauen können und sich auf diese Weise sicherer fühlen; ansonsten wirken Sie »von oben herab«. Versuchen Sie in jedem Fall möglichst unverkrampft zu sein. Kinder haben erstaunliche Fähigkeiten, was das Entlarven von geheuchelten Gefühlen anbelangt. Ihnen ist im Grunde eine konkrete Ablehnung lieber als gespieltes Interesse.

Offener Blick und offene Haltung

Gleiches gilt daher auch für Ihren Blick. Sie müssen für ein Kind nicht zum Clown werden und Ihr Gesicht verziehen. Ein offenes Gesicht mit einem geraden Blick ist auch für Kinder angenehmer als ein ernstes Gesicht oder gar ein starrender Blick.

Wenn Sie Kindern gegenüberstehen, dann zeigen Sie Ihre Hände. Kinder sind leicht zu verunsichern und wittern hinter verborgenen Dingen stets Gefahr. Außerdem sollten Sie schnelle und zackige Bewegungen vermeiden und sich stattdessen ruhig und gezielt bewegen. Kinder haben ein deutlich langsameres, jedoch sehr waches Wahrnehmungsvermögen und geraten durch zu schnelle Bewegungen in Verwirrung.

Berührungen dosieren – Stimme modulieren

Für Kinder gilt hinsichtlich Berührungen das Gleiche wie für Erwachsene: So wie Sie einen Ihnen unbekannten Menschen nicht einfach berühren würden, so sollten Sie auch ein Kind nicht unaufgefordert anfassen. Erst wenn Sie einen Bezug zu dem Kind hergestellt haben, können Sie erkennen, ob sich das Kind vielleicht über das Haar streichen lassen will. Falls es dies nicht möchte und ablehnend reagiert, sollten Sie dies unbedingt respektieren.

Auch Ihre Stimme sollten Sie, sofern das Kind, mit dem Sie es zu tun haben, nicht schon Schulkindalter erreicht hat, höher halten als sonst. Tiefe Stimmen können auf Kinder beängstigend wirken. Ebenso wie Sie zu schnelle Bewegungen bei Kindern vermeiden sollten, so sollten Sie auch nicht zu schnell oder nervös sprechen. Altersabhängig ist daneben zudem die so genannte Kindersprache, die im Grunde nur die Eltern des Kleinen beherrschen und sich bei anderen Erwachsenen eher gespielt ausnimmt. Wenn das Kind bereits den Kindergarten besucht, so brauchen Sie Ihren Sprachstil außerdem nicht mehr auf Babyniveau zu reduzieren, sondern sollten sich der Entwicklungsstufe des Kindes anpassen und ihm das Gefühl geben, dass Sie es als Person durchaus ernst nehmen. Kinder haben diesbezüglich ein feines Gespür und sind sehr empfindsam.

Kinder wollen ernst genommen werden. Darauf sollte man auch seine Körpersprache im Umgang mit Kindern ausrichten.

Der körpersprachliche Ausdruck in der Gesellschaft

Wie man sich in Gegenwart anderer Menschen verhalten soll, ist in vielen Fällen durch eine stillschweigende gesellschaftliche Übereinkunft festgelegt. Neben dem allgemeinen Benehmen zählen dazu die Haltung und eine der Situation angemessene Kleidung. Explizite Kleidervorschriften sind heute eher die Ausnahme. Bei verschiedenen gesellschaftlichen Anlässen ist die Kleidung dennoch ein Ausdruck der Gruppenzugehörigkeit oder des Respekts gesellschaftlicher Konventionen. So wird in der Oper noch immer ein dunkler Anzug oder ein Abendkleid erwartet, obwohl im Zuge der Liberalisierung der Kleiderordnung eine Jeans stillschweigend akzeptiert wird. Schließlich sind derartige kulturelle Veranstaltungen nicht mehr nur einer höheren Schicht vorbehalten. Es gibt aber auch Events, bei denen Sie sich mit der falschen Kleidung selbst reichlich deplatziert vorkämen, wenn Sie etwa mit einem schwarzen Abendanzug an einem Samstagnachmittag in der Fankurve eines Fußballstadions auftauchten.

Anderen absichtlich im Gespräch ins Gesicht zu gähnen, zeugt von mangelndem Respekt.

Wie wir uns korrekt verhalten

Wichtiger als die Kleidung ist unser Benehmen in der Gesellschaft. So gelten einige körperliche Verhaltensweisen als anstößig: beispielsweise Gähnen, Kratzen, Rülpsen, Spucken, Schluckauf, in der Nase bohren oder Winde lassen. Sie sind für viele Menschen schlicht Anzeichen schlechter Erziehung oder extremer Unhöflichkeit anderen gegenüber. Seine körperlichen Regungen unter Kontrolle halten zu können, ist in den verschiedensten Kulturen und unterschiedlichsten Institutionen Voraussetzung für die Zugehörigkeit zu einer bestimmten Gruppe oder das Zeichen für eine höhere Hierarchiestufe. Sich über diese Verhaltensregeln hinwegzusetzen, zieht den Ausschluss aus der Gruppe nach sich. In der Regel wird über ein deratiges Verhalten hinweggesehen, wenn man sich dafür schämt und entschuldigt.

Gegen die Konventionen

Geschehen derartige Körperäußerungen absichtlich, drücken sie Verachtung, mangelnden Respekt oder Feindseligkeit aus; wenn man etwa einem anderen Menschen während einer Unterhaltung ins Gesicht gähnt, ohne sich anschließend zu entschuldigen. Dieses Verhalten zeigt sich zudem als Akt der Rebellion, um einen anderen aus der Fassung zu bringen, der sich und seine Gefühle scheinbar unter Kontrolle hält und seine Umwelt innerhalb seiner Oberherrschaft sieht. Das ist jedoch ein deutlicher Ausdruck der eigenen Unterlegenheit und Schwäche, da man sich keiner intelligenteren Mittel zur Düpierung des anderen bedienen kann. Jugendliche benutzen diese Art des Protestes bisweilen, um gegen die Konventionen ihrer Eltern aufzubegehren, die sie meist ein paar Jahre später doch in abgewandelter Form übernehmen.

In der Art und Weise, wie man sich kleidet, identifiziert man sich mit einer Personengruppe oder einem bestimmten Anlass oder Ereignis.

Die Frau in der Gesellschaft

Traditionell spielt das Benehmen einer Frau in der Gesellschaft eine besondere Rolle. Die Benimmregeln sind für Frauen deutlich enger gefasst als für Männer. Frauenkleidung beispielsweise soll die Körperkonturen der Frau betonen, sofern es sich nicht um die Kleidung einer berufstätigen Karrierefrau handelt. (Hierzu lesen Sie bitte ab Seite 128 nach). Je zarter die Beschaffenheit der Textilien, desto mehr unterstützen sie optisch die Zartheit und Schwäche des weiblichen Körpers. Man denke nur an Seiden- und Spitzendessous oder hauchdünne Strümpfe, die eine Frau als Objekt der Begierde noch verschönern sollen. Bestimmte körperliche Aktivitäten sind in derartigen Kleidungsstücken kaum möglich. Enge Röcke, Pumps, Korsagen und Ähnliches engen die Bewegungsfreiheit ein. Heute ist das Bild der weiblichen Kleiderordnung glücklicherweise etwas aufgeweicht. Keiner stört sich im Prinzip daran, wenn eine Frau nach männlichem Vorbild bequem und in Hosen gekleidet erscheint. Doch wird man sich im Zweifelsfall, was Sympathie und Zuwendung anbelangt, in den meisten Fällen für die weiblicher gewandete Frau entscheiden, die den traditionellen Benimm- und Bekleidungskodex erfüllt.

Hinzu kommt beim spezifisch weiblichen Verhalten eine ständig angespannte Körperhaltung.

Noch immer wird häufig erwartet, dass eine Frau in Rock und Pumps erscheint.

Beim Sitzen soll die Frau, die nicht auf Werbung aus ist, die Beine weder übereinander schlagen noch breitbeinig dasitzen, sondern sie möglichst geschlossen halten. Ihren Oberkörper darf sie nicht zu sehr vorbeugen, um keinen Einblick ins Dekolletee zu gewähren. Je freizügiger sich eine Frau bewegt und je weniger sie ihre Sexualität in ihrem Benehmen unterdrückt, desto weniger wird sie im Geschäfts- und Privatleben respektiert.

Wie Statusunterschiede sichtbar werden

Unsere Körperhaltung entsteht aus dem Wechselspiel von Anspannung und Entspannung der Muskeln und dient ebenfalls als Ausdrucksmittel von Statusunterschieden. Je angespannter die Haltung, desto eher signalisiert man Unterwerfung. Strammstehende Soldaten sind mit ihren zugeknöpften Uniformjacken, den reglosen Gesichtern und der starken Muskelanspannung ein Paradebeispiel für die Andeutung von Hierarchieunterschieden. Wer hingegen eine lässige Haltung einnimmt, ohne dabei unhöflich zu sein, zeigt seine Souveränität im Umgang mit anderen Menschen.

Nicht nur körperliche Signale, auch Statussymbole machen deutlich, auf welchem Level wir uns innerhalb einer bestimmten Gruppe befinden.

Äußerliche Statussymbole

Doch nicht nur körperlich zeigen wir, auf welchem hierarchischen Niveau wir uns innerhalb einer bestimmten Gruppe befinden. Gewisse Requisiten gelten für viele Menschen als unverzichtbar, um ihre Zugehörigkeit zur Crème de la Crème zu signalisieren. Im Arbeitsleben ist das der berühmte Diplomatenkoffer, kostbares Schreibwerkzeug und selbstverständlich ein entsprechend teures Mobiliar in einem der größten Büros, die das Unternehmen zu bieten hat. Schmückt das Namensschild noch ein akademischer Grad, so ist ihr Träger für das Fußvolk fast unantastbar. Genauso verhält es sich im Privatleben. Wer das schönste Haus mit dem größten Garten im besten Viertel der Stadt bewohnt, sich nur in feines Tuch gewandet, eine Privatkarosse der Luxusklasse sein Eigen nennt und Logenplätze in der Oper hat, gehört zur großen Welt. Wer es sich nicht leisten kann, sucht nach günstigen Kopien dieser Luxusgüter.

Was erwartet wird

Das deutlich sichtbare Zubehör, dass unser Auftreten nach außen hin mitbestimmt, wird bewusst eingesetzt. Es gehört zu der Maske, die wir aufsetzen, um uns vor anderen zu präsentieren. Letztendlich ist es eher ungewöhnlich, wenn wir ganz bewusst durch unsere Handlungen oder Mimik zeigen, was uns momentan bewegt. In den meisten Alltagssituationen kontrollieren wir uns sehr sorgfältig, so will es die gesellschaftliche Übereinkunft. Es wird zudem erwartet, dass jeder sich in der Gesellschaft sauber und ordentlich angezogen präsentiert: gewaschen, gekämmt und, wenn der Trend nicht gerade den verwegenen Dreitagebart befürwortet, rasiert. Auch Jugendliche, die ihr Haar betont lang tragen und entweder im zerrissenen Grunge-Look oder im Skater-Outfit gegen die Erwachsenennorm verstoßen, bewegen sich innerhalb der Regeln und Masken ihrer Gruppe. Dieses so genannte formalisierte Aussehen begleitet eine bestimmte Lebensphase und wird demgemäß immer wieder auf einen neuen Lebensabschnitt abgestimmt.

Wenn die Masken fallen

Masken fallen in der Regel erst, wenn wir unseren Gefühlen ausgeliefert sind. Das ist der Fall, wenn wir sehr wütend oder aggressiv werden, aber auch wenn wir krank und matt, erschöpft oder am Ende unserer Kräfte sind. Dann kann es passieren, dass einem in Gesellschaft anderer die Gesichtszüge entgleisen. Nach Feierabend sehen wir in Bahn oder Bus in die müden und abgespannten Gesichter vieler Menschen, die nicht mehr die Kraft haben, ihr gestrafftes Alltagsgesicht aufzusetzen.

Wer hingegen unter erhöhtem Stress steht, lässt seine Maske fallen, weil er sein Gesicht nicht mehr kontrollieren kann. Er wird versuchen, noch einige Energie aufzubringen, um diesen Prozess nicht zu offensichtlich werden zu lassen. Die zitternden Hände werden dann in die Hosentaschen gesteckt, hinter dem Rücken gefaltet oder unter dem Tisch gehalten. Es sind alles Gesten, die dem Gegenüber sofort signalisieren, dass man höchst unsicher ist und etwas verstecken möchte. Hat man Sorge, noch fest stehen zu können, wird man versuchen, sich schnell zu setzen, oder man bewegt sich ganz im Gegenteil im Stechschritt oder tänzelnd durch den Raum, um dadurch das Zittern zu verbergen.

Erst wenn wir Emotionen nicht mehr beherrschen oder unterdrücken können, setzen wir uns über gesellschaftliche Konventionen hinweg.

Das andere Gesicht

Ganz anders verhält es sich innerhalb einer hierarchischen Struktur.

Nehmen wir hierzu das Beispiel des kollegialen Chefs, der zu Hause seine Maske fallen lässt und den Haustyrannen herauskehrt. Und die freundliche Dame von nebenan, die immer so gepflegt wirkt, wenn sie das Haus verlässt, läuft daheim vor den Kindern mit strähnigem Haar und im Jogginganzug herum.

Was einerseits wohltuend ist und sich positiv auf einen ausgeglichenen Seelenzustand auswirkt, kann so zur bewussten Herabwürdigung anderer Menschen werden. Nahestehenden Menschen sollte man so viel Vertrauen entgegenbringen, dass man ihnen nicht sein angestrengtes Alltagsgesicht präsentieren muss. Hingegen zeugt es von Respekt und Achtung, wenn man Lebenspartner und Kinder nicht wie Nicht-Personen behandelt und sich privat gehen lässt.

Viele Menschen tragen im öffentlichen Leben eine Maske, die bei Stress oder Erschöpfung fällt.

Gesellschaftlicher Zwang

Masken, die wir in Gesellschaft tragen, gibt es viele. Wir haben für die verschiedensten Anlässe, die sich uns im Leben bieten, verschiedene Gesichter, die man eben aufzusetzen hat. So sieht man auf einer Beerdigung betroffen und traurig drein, was sich auf einer Partygesellschaft allerdings weniger gut macht, da man in Kürze allein sein würde. All diese Masken dienen dazu, dass wir uns zu einer bestimmten Gruppe gesellen können, ohne eine Außenseiterrolle einnehmen zu müssen. Denn dies ist das Schicksal derjenigen, die gegen diese Art subtilen Kontrollzwangs der Gesellschaft aufbegehren. Auch nervenkranke Menschen neigen dazu, all diese Maskierungstechniken beiseite zu lassen. In manchen Fällen führt dies zu einer völligen Vernachlässigung des Äußeren, was sich erst ändert, wenn die betroffene Person wieder auf dem Wege der Besserung ist. Bei vielen älteren Menschen, die ein arbeitsreiches oder enttäuschendes Leben hinter sich haben, ist das Abfallen der Maske, die sie Zeit ihres Lebens zu tragen bemüht waren, ebenfalls zu beobachten. Genauso ist es bei Menschen, die sich Zeit ihres Lebens nur auf ihre ebenmäßigen Gesichtszüge verlassen haben, um durchs Leben zu kommen. Im Alter werden diese schlaff und können dümmlich oder töricht wirken.

Falsche Freundlichkeit

Lächeln ist der direkteste Weg zwischen zwei Menschen, sagt eine chinesische Volksweisheit. Doch das gilt sicher nur für das ehrlich empfundene Lächeln. Wird es jedoch einem Menschen geschenkt, von dem man aus irgendeinem Grunde abhängig ist oder dem man sich untergeordnet fühlt, hat ein Lächeln nicht mehr viel mit Leichtigkeit und Charme zu tun. Stattdessen wird es zur verkrampften Geste und vertuscht gleichzeitig den wahren Charakter der Situation. Das Lächeln scheint jetzt vor allem den Sinn zu haben, die Lüge aufrechtzuerhalten, zwischen zwei Menschen würden freundschaftliche Beziehungen oder sogar Sympathie herrschen.

Lächeln kommt also nicht nur von Herzen als Ausdruck unverfälschter Heiterkeit, sondern kann auch bei bestimmten Anlässen ganz bewusst aufgesetzt werden. Denken wir an das eisige Lächeln von Fernsehmoderatoren, das zur routinierten Grimasse erstarrt ist, oder den gespielt freundlichen Gesichtsausdruck des Vertreters, der im Prinzip nur seine Gewinnspanne im Hinterkopf hat.

In der Regel lässt sich das falsche vom ehrlichen Lächeln mit genügend Lebenserfahrung sehr schnell vom Gesicht des anderen ablesen. Häufig verrät sich derjenige, der uns mit falscher Freundlichkeit begegnet auch durch die entsprechende Körperhaltung oder Gesten, die nicht zu einem offenen und herzlichen Verhalten passen wollen.

Ein aufgesetztes falsches Lächeln wird meist schnell entlarvt.

Ein echtes und ehrliches Lachen wird stets von der entsprechenden Gestik begleitet.

Wie wir Kontakt aufnehmen

Die meisten Menschen sind tief im Innersten sehr kontaktbedürftig, wagen aber oft nicht, den ersten Schritt zu machen. Das strahlt zuallererst ihre Körpersprache aus, die verschlossen und unnahbar wirkt, obwohl doch eigentlich der Wunsch nach neuen Bekanntschaften besteht. Deshalb liegt ein Schlüssel zu mehr Berührungspunkten mit anderen Menschen in einer veränderten Körpersprache, die Ihren eigentlichen Wunsch nonverbal verständlich macht. Selbst wenn Sie kein extrovertierter Typ sind, können Sie Ihr Verhalten ändern.

Lachen und Hysterie

Eine extreme Ausdrucksform des Lächelns ist das hysterische Lachen. Es wird meist begleitet von Schreien und Weinen, also Äußerungen von Wut, Verletztheit und Hilflosigkeit. Es zeigt, dass unser Gegenüber der Situation, in der er sich befindet, nicht gewachsen ist. Da Hysterie zu den extremen Gefühlsäußerungen gehört, die das Innerste und die Wehrlosigkeit eines Menschen nach außen kehren, ist dieses gesellschaftlich verpönt. Gefühle, die dem stillen Kämmerlein daheim vorbehalten sein sollten, zeigt man anderen, weniger vertrauten Menschen nicht. Denn man fordert sie durch den Ausbruch unbewust zu einem spontanen und emotionalen Verhalten auf. Durch diesen Appell überfordert man vor allem gefühlsmäßig zurückhaltende Naturen, die es nicht gewohnt sind, mit den Gefühlen anderer Menschen umzugehen.

Extreme seelische Belastungen lösen gelegentlich hysterisches Lachen, eine Extremform des Lächelns, aus.

Kontaktbereitschaft signalisieren

Anstatt sich auf einer Abendgesellschaft oder einer Party mit unbewegter Miene an Ihrem Glas festzuklammern, können Sie mit freundlichen Blicken den Raum durchstreifen.

Wenn Sie den Platz wechseln, dann gehen Sie ruhig und gelassen, damit Sie besser nach den Blicken anderer Kontaktsuchender Ausschau halten können und deutlich machen, dass Sie kontaktbereit sind.

Im Gegensatz zum eindeutigen Flirtverhalten, das intensive Blicke und eine entsprechende Mimik umfasst, ist die Kontaktsuche durch unaufdringliche Freundlichkeit gekennzeichnet. Dieses Verhalten können Sie daher auch an anderen Personen eindeutig ausmachen.

Wenn Sie jemand anflirtet, obwohl Sie kein Interesse daran haben, sondern einfach nur nach einem Gesprächspartner Ausschau halten, dann gehen Sie nicht darauf ein und vermeiden Sie jeden weiteren Blickkontakt.

Wer verschlossen und unnahbar wirkt, beraubt sich vieler Kontaktmöglichkeiten.

Kontaktbereitschaft erkennen

Die Wahl Ihres ersten Kontaktes sollten Sie danach ausrichten, ob der Mensch, den Sie gerne kennen lernen möchten, Ihnen Interesse zur Kontaktaufnahme zeigt. Ist dies nicht der Fall, dann lassen Sie die Finger davon, selbst wenn Sie sich die betreffende Person als Gesprächspartner wünschen, weil sie Ihnen interessant erscheint. Im Überschreiten dieser ungeschriebenen Regel liegt der Hauptgrund für so manche Frustration. Anstatt sich von Anfang an auf diejenigen zu konzentrieren, die ebenfalls Kontakt suchen, fühlt man sich nun abgewiesen und verletzt. Man hat jemanden angesprochen, bei dem dies überhaupt nicht angebracht war, weil er nicht ein einziges Mal den Wunsch zur Kontaktaufnahme signalisierte.

In unserem abendländischen Kulturkreis ist das Begrüßungsritual durch vorgegebene Normen geprägt: Begrüßung, Vorstellung, Händeschütteln.

Die Körpersprache bei der Begrüßung

Wann immer Sie einen neuen Menschen kennen lernen oder Sie einem Unbekannten vorgestellt werden, denken Sie daran: Sie haben nur einmal die Chance, einen guten ersten Eindruck zu machen. Und diese Gelegenheit dauert ganze zehn Sekunden. Die Zeitspanne ist meist zu kurz, um schon die ersten Worte miteinander wechseln zu können. In dieser kurzen Phase ist Ihre Körpersprache ebenso wie die des anderen also entscheidend dafür, wie Sie beurteilt werden und welche Meinung Sie sich über den anderen machen. Ob Sie ihn sympathisch finden oder nicht oder der andere Sie als freundlich oder abstoßend empfindet, das entscheidet sich größtenteils in den allerersten Augenblicken. Dies ist in der Tat wörtlich zu verstehen, denn die Augen sind das wesentliche Kriterium bei der Beurteilung. Das können Sie sich zunutze machen, indem Sie den anderen anschauen und sich Ihre Blicke sofort kreuzen, wenn der andere auf Sie zukommt. Schauen Sie den anderen mit möglichst weit offenen Augen an, denn große Augen signalisieren Interesse und Freundlichkeit. Nach der ersten Begrüßung sollten Sie Ihre Augen weiter auf den anderen gerichtet lassen und Ihren Körper in Richtung des neuen Gesprächspartners drehen. Um Ihre Selbstsicherheit und Aufmerksamkeit zum Ausdruck zu bringen, begleiten Sie diese Einleitung mit einem Lächeln.

Die passende Form der Begrüßung

Danach kommt es zum förmlichen Teil der Begrüßung, in unserem Kulturkreis das Händeschütteln. Für den Handschlag strecken beide die rechte Hand aus und lehnen sich leicht nach vorne. Wenn Sie von einem Dritten gegenseitig vorgestellt werden, ist es beim Handschlag ratsam, den anderen beim Namen zu nennen. Jeder Mensch fühlt

Zu einer förmlichen Begrüßung gehört in unserem Kulturkreis in der Regel der höfliche und distanzierte Handschlag.

sich geschmeichelt, wenn er seinen Namen hört, und Sie verstärken damit die Verbundenheit, die durch den Handschlag auch körperlich entsteht. Obendrein erleichtert es Ihnen später die Erinnerung, da Sie sich den Namen zusammen mit dem Gesicht einprägen können. Wie intensiv und herzlich die Begrüßung ausfällt, hängt natürlich vom Umfeld und dem Anlass des Kennenlernens ab. Einen neuen Geschäftspartner werden Sie nicht gleich mit Wangenküssen begrüßen, sondern entsprechend förmlich und seriös auftreten. Umgekehrt werden Sie nicht Ihre zukünftige Schwiegermutter von sich weisen, wenn diese das Bedürfnis verspürt, ihrer Freude über Sie mit einer kräftigen Umarmung Luft zu machen.

Gespräche mit Fremden

Nehmen wir einmal an, Sie sind auf eine Party eingeladen, auf der Sie sowohl altbekannte Freunde treffen als auch fremde Personen kennen lernen. Beim Umgang mit Freunden merken Sie selbst an Ihrer Körpersprache, dass Sie Ihr Verhalten ganz natürlich auf das Ihrer Freunde abstimmen.

Die Haltung beim Sitzen, beispielsweise die übereinander geschlagenen Beine, sieht für den Außenstehenden wie ein symmetrisches Bild aus. Die Körperhaltung ist zwanglos dem anderen ganz zugewandt und der Umgang mit den verschiedenen Distanzzonen ist ungezwungen. Beim Gespräch ergibt sich ein natürliches Wechselspiel aus Rede und Antwort, aus Sprechen und Zuhören. Die körpersprachlichen Signale ergänzen einander und bestärken sich gegenseitig.

Die anderen beobachten

Das körpersprachlich harmonisch aufeinander abgestimmte Duett, das Sie an zwei Freunden beobachten, kann Ihnen als sehr guter Leitfaden für Ihr eigenes Verhalten gegenüber Fremden dienen. Gerade wenn Sie jemanden neu kennen lernen wollen, ist der erste Eindruck von Bedeutung. Ob Sie ein anderer sympathisch oder unsympathisch findet, liegt nicht ausschließlich daran, was Sie sagen. Vielmehr hängt es genauso davon ab, was Sie nonverbal zum Ausdruck bringen.

Wenn Sie die Verhaltensweisen, die Sie bei zwei miteinander befreundeten Gästen beobachten konnten, selbst zwanglos für Ihr Gespräch mit Fremden übernehmen, dann werden Sie schnell feststellen können, dass Ihr Gegenüber sich bestätigt fühlt und sich Ihnen auf ganz entspannte und natürliche Weise von selbst öffnet. Bestimmte Verhaltensweisen schaffen körpersprachlich eine vertrauensvolle und offene Gesprächsebene.

Mit dem Körper zuhören

Zuhören ist für viele Menschen der schwierigere Teil des Gesprächs, gleichwohl ist es der wichtigere für eine gelungene Konversation. Dabei geht es weniger darum, sinnvolle Zwischenfragen zu stellen, sondern vor allem körpersprachliches Interesse am Gesagten zu zeigen. Natürlich können Sie mit Fragen den Gesprächsverlauf inhaltlich steuern. Ob der andere Ihnen etwas gerne mitteilt, hängt davon ab, ob Sie ihm unausgesprochen das Gefühl vermitteln, dass er wirklich Ihr Interesse geweckt hat und Sie nicht nur aus Höflichkeit und Langeweile zuhören.

Aus diesem Grunde ist das Vorbild der zwei Freunde so aufschlussreich. Wenn Sie wirklich zuhören und Ihre eigenen Gedanken für eine Weile ausschalten, dann stellt sich Ihre zur Situation passende Körpersprache von selbst ein: Der Blickkontakt wird gehalten, die Körperhaltung ist zugewandt und der Kopf zugeneigt, damit man den anderen besser versteht. Große Bewegungen werden Sie beim Zuhören nicht machen, da Sie das Hörverständnis beeinträchtigen und den anderen in seinen Ausführungen verunsichern würden.

Mit dem Körper sprechen

Neben dem Zuhören können Sie körpersprachlich durch zusätzliche Gesten der Aufmerksamkeit deutlich machen, dass Sie den anderen und seine Ideen zu schätzen wissen. Das einfachste Signal ist das gelegentliche sanfte Nicken mit dem Kopf, das fast überall auf der Welt als ein Zeichen des Verstehens aufgefasst wird. Setzen Sie es an wichtigen und entsprechend betonten Stellen des Gespräches ein.

Wenn Sie einfach mittendrin nicken, zeigen Sie dem anderen, dass Sie nicht interessiert zuhören. Wenn Sie zu oft nicken, spornen Sie Ihren Gesprächspartner entweder zum schnelleren Reden oder zu endlosen Monologen an, was beides sicher nicht Ihre Absicht ist. Die Gefühlsregungen des Erzählers, sei es Empörung, Freude, Ekel, Traurigkeit oder Wut können Sie in entsprechend abgeschwächter Form widerspiegeln. Damit bekunden Sie Anteilnahme am Erlebten und Erzählten und bestärken Ihren Gesprächspartner.

In einer Unterhaltung signalisiert man dem Gesprächspartner sein Interesse mit entsprechenden körpersprachlichen Signalen. Man wendet sich einander zu und hält den Blickkontakt.

Man kann die eigene Aufmerksamkeit durch Gesten verdeutlichen.

Wie Sie interessanter erzählen

Die Körpersprache ist ein unverzichtbares Mittel beim Erzählen von Erlebnissen. Das wichtigste Band zwischen Sprecher und Zuhörer ist der Blickkontakt. Daher sollten Sie immer darauf achten, Ihren Gesprächspartner im Auge zu behalten und ihn damit in die Erzählung zu integrieren. Dies fällt vielen Menschen nicht leicht, da Sie sich vielleicht während der Erzählung an Details erinnern müssen, wozu sie die Augen abwenden oder sogar schließen. Damit wird der Zuhörer aber ausgeschlossen und verliert das Interesse.

Die richtige Stimmlage

Neben dem Blickkontakt macht vor allem das Zusammenspiel von Worten und Körpersprache eine Erzählung unterhaltsam und nachvollziehbar. Dazu gehört die entsprechende Modulation der Stimme. Nichts ist langweilger als eine monotone Stimme, die keine Gefühlsregung des Sprechers widerspiegelt. Denken Sie an einen Fußballreporter im Radio, den Sie nicht sehen können, der aber allein durch seine aufgeregte Stimme etwas von der Spannung des Spiels vermitteln kann. Auch wenn Sie weniger dramatische Dinge erzählen, stehen Ihnen durch das Heben und Senken der Stimme, die bewusste Betonung bestimmter Stellen und durch die einmal langsamere, einmal schnellere Erzählweise genügend Mittel zur Verfügung, um Leben in das Erzählte zu bringen.

Gefühle ausdrücken

Zusätzlich können Sie sich als Erzähler der Gestik und Mimik bedienen. Durch eine entsprechend dem Erlebten und dabei Gefühlten nachempfundene Gestik werden aus Ihren Zuhörern Zuschauer. Wenn Sie damit gewisse Probleme haben sollten, denken Sie einfach an die Freude, die Wut, den Ärger, die Trauer oder all die anderen Gefühle die Sie hatten, als Ihnen das Erzählte widerfuhr und scheuen Sie sich nicht, diese Gefühle zu zeigen. Das macht Sie nicht verletzbarer und angreifbarer, sondern menschlicher und unterhaltsamer. Denken Sie an den Pantomimen auf der Bühne, der überhaupt nicht spricht, den Sie aber trotzdem verstehen, weil er seine Gefühle nur durch eine übertriebene Körpersprache zum Ausdruck bringt.

Durch körpersprachliche Elemente werden Unterhaltungen und Erzählungen spannender und interessanter. Scheuen Sie sich nicht, Emotionen zu zeigen.

Durch entsprechende Gestik und Mimik wird eine Erzählung lebhaft und unterhaltsam.

Die Kunst der Unterhaltung

Ob ein Gespräch zwischen zwei oder mehreren Personen harmonisch verläuft oder nicht, hängt zum großen Teil vom gelungenen Wechselspiel aus Sprechen und Zuhören ab. Nichts ist frustrierender als das Gefühl, nicht zu Wort gekommen zu sein und seine Gedanken nicht in das Gespräch mit einfließen lassen zu können. Der jeweilige Sprecher sollte die Körpersprache der anderen dahingehend beobachten, ob diese einen Einwurf machen möchten, und entsprechende Pausen und Übergänge gestalten. Nichts ist schlimmer als ein Monologisierender, der seine Zuhörer rücksichtslos nicht zu Wort kommen lässt. Sie können durch eine längere Sprechpause, einen auffordernden Blickkontakt oder eine so genannte Übergangsgeste zeigen, dass Sie nun zum Zuhören bereit sind und eine Antwort auf das von Ihnen Vorgebrachte erwarten.

Den Redefluss lenken

Umgekehrt können aber auch die Zuhörer nonverbal auf das Gespräch einwirken und Ihrem Gesprächspartner andeuten, dass Sie sich zu Wort melden wollen. Als höflicher Zuhörer sollten Sie allerdings solche körpersprachlichen Signale unterlassen, solange der Sprecher die oben beschriebenen Zeichen für die Übergabebereitschaft nicht zeigt. Wollen Sie sich momentan nicht äußern, können Sie durch entsprechendes Nachfragen oder das Aufsetzen einer neugierigen Miene den anderen zum Weitersprechen animieren. Wenn Sie sich tatsächlich einschalten möchten und Ihr Gesprächspartner Dauermonologe ohne das geringste Zeichen einer möglichen Unterbrechung hält, dann sollten Sie trotzdem die Signale für Ihre Redebereitschaft aussenden. Ein verstärkter Blickkontakt, das Luftholen bei jeder noch so kurzen Sprechpause des anderen und eventuell das Fallen-

Ein harmonisches Gespräch lebt vom Wechselspiel aus Zuhören und Sprechen. Dauermonologe sind für andere ermüdend und bisweilen frustrierend.

lassen des ersten Wortes sind deutliche Zeichen dafür. Sollte Sie der andere trotzdem hartnäckig nicht zu Wort kommen lassen, dann müssen Sie noch stärkere Signale aussenden, selbst wenn diese vielleicht etwas unhöflich sind.

Den Redefluss unterbrechen

Dies ist für Sie allemal akzeptabler, als nicht sprechen zu können, was eine grobe Unhöflichkeit des anderen darstellt. Kappen Sie den Blickkontakt, unterlassen Sie jede Geste der Bestätigung und des Verstehens und setzen Sie einen undurchsichtigen Gesichtsausdruck auf. Notfalls wenden Sie sich zur Seite oder heben Ihre Hand zu einem sichtbaren Einwand. Lässt Sie der andere jetzt immer noch nicht reden, dann fallen Sie ihm ruhig ins Wort. Entweder Sie sorgen dafür, dass er sie beachtet, oder er ist für Sie nicht von Bedeutung, und Sie können sich aus dem Gespräch ausklinken. Zu einem Gespräch gehören zwei oder mehrere Partner und dies sollte jeder in der Runde beherzigen, sonst zieht keiner Gewinn aus dem Gespräch und verschwendet nur seine Zeit. Aus diesem Grunde sollten Sie gegebenenfalls auch nicht vor einem harschen Einsatz Ihrer Körpersprache zurückschrecken, um das Gespräch in eine für alle Beteiligten befriedigende Richtung zu lenken.

Wie sich der gesellschaftliche Status ausdrückt

Nehmen wir an, Sie sind auf einem gesellschaftlichen Empfang in einem fremden Land, dessen Sprache Sie nicht sprechen. Sie versuchen durch reine Beobachtung herauszufinden, welche Position die jeweils Beobachteten einnehmen.

Höherer Rang

Zu den Gesten der Überlegenheit, an denen Sie die Höherrangigen erkennen, zählen ein erhobener Kopf, eine laute Stimme mit erhobenem Tonfall und das ernste Gesicht, auf dem sich kein Lächeln rührt. Denn Lächeln ist im Allgemeinen der Ausdruck eines Gefühls von Freude und Entspannung. Eine steinerne Miene teilt indes nichts mit, weder dem Freund noch dem Feind. Man bleibt unberührbar, während Lächeln verletzbarer macht. Bei Frauen, die in der Regel ein breites Spektrum des Lächelns beherrschen, bedeutet dies immer einen Akt der Versöhnlichkeit.

Cool sein hingegen heißt, die Persönlichkeit durch Nichtlächeln zu stärken. Informationen über Gedanken und Gefühle werden zurückgehalten. Ein smarter Mensch mit Macht, der andere manipulieren will, ist immer beherrscht. Denken wir an Pokerspieler oder den Berufsstand der Psychotherapeuten, die sich um die größtmögliche Unbeweglichkeit ihres Gesichts während der Ausübung ihres Gewerbes bzw. Berufes bemühen. Sie sind sich bewusst, dass das Wissen, das sie anderen vorenthalten, ihre eigentliche Macht darstellt. Sie geben sich unnahbar und scheinen völlig unberührt zu sein.

Die Körpersprache ist Teil unserer stammesgeschichtlichen Entwicklung. Die Nuancenvielfalt der Gesten und Gebärden ist weltweit ungeheuer; scheinbar dieselben Gesten können von Land zu Land unterschiedliche Bedeutungen haben.

Niederer Rang

Unterlegene verhalten sich umgekehrt: Ihr ehrfürchtiges Lächeln ist vergleichbar mit dem, das bei mehreren Affenarten bei den rangniederen Tieren zu beobachten ist. Diese versuchen, dadurch ihre ranghöheren Artgenossen günstig zu stimmen.

Auch bei Menschen wird Lächeln mit einem untergeordneten Status verknüpft. Um seine Unterlegenheit oder Schüchternheit zu demonstrieren, lächelt man mit eingezogenen Lippen. Dabei sind lediglich die oberen Zähne sichtbar, der Mund ist nur leicht geöffnet und die Unterlippe wird zwischen die Zähne gezogen. Daneben sind ein gesenkter Kopf und ein übereifriger und nervöser Ton Zeichen der Unterlegenheit.

Körpersprache in anderen Ländern

Das Repertoire an Gesten ist weltweit von ungeheurer Vielfalt. Neben den allgemein verständlichen überkulturell geprägten Gebärden gibt es eine ganze Reihe von Gesten, die in einem besonderen kulturellen Kontext entstanden sind. Dabei unterscheidet man drei Arten von Gesten: Neben den instinktiven, angeborenen Gesten und so genannten kodierten Gesten, wie sie beispielsweise Taucher zur Verständigung unter Wasser verwenden, gibt es die große Gruppe von angeeigneten Gesten, die die verbale Verständigung entsprechend körpersprachlich untermalen. Das erstaunliche an diesen Gebärden ist jedoch, dass ein und dieselbe Geste von Kontinent zu Kontinent, manchmal sogar von Land zu Land, eine gänzlich unterschiedliche Bedeutung haben kann.

Um den Rahmen dieses Buches nicht zu sprengen, sollen an dieser Stelle nur die wichtigsten Gesten der Begrüßung, des Winkens, der Beleidigung und der Berührung erläutert werden. Wer zu diesem Thema mehr erfahren möchte, findet weiterführende Angaben im Literaturverzeichnis.

Wie die Begrüßung aussehen kann

Als Nordeuropäer lernt man, dass ein festes Händeschütteln, meist in Verbindung mit einem geraden Blick in die Augen des anderen, am Anfang jeder Begegnung steht. Wer nur eine weiche Hand hinhält, gilt als schwach oder weibisch. Im Nahen Osten hat sich diese westliche Begrüßungsform zwar ebenfalls eingebürgert, aber dabei werden die Hände nur sanft geschüttelt. Ein starker Handdruck wird als aggressiv und unhöflich erachtet. In Asien, wo sich das Händeschütteln teilweise durchgesetzt hat, ist es hingegen unschicklich, dem anderen gerade in die Augen zu blicken. Jemanden gar anzustarren, wird als einschüchternd und respektlos erachtet. Bei Nordamerikanern wird das Händeschütteln in seiner Bedeutung dadurch verstärkt, dass man es mit der freien Hand bedeckt. Doch schon in Südeuropa (und auch in Lateinamerika) ist eine Umarmung die übliche Form der Begrüßung. Je nach Grad der Herzlichkeit wird sie durch ein paar freundliche Klopfer auf den Rücken verstärkt. In Russland ist eine Kombination aus beiden Begrüßungen unter guten Freunden üblich: Zunächst schüttelt man sich kräftig die Hände, dann beugt man sich vor in die so genannte Bärenumarmung.

Auch wenn sich das Händeschütteln als statthaftes Begrüßungsritual mittlerweile weltweit eingebürgert hat, so sollte man auf Auslandsreisen die landesüblichen Begrüßungsformen jedenfalls kennen und respektieren.

Andere Länder – andere Sitten

Da das Händeschütteln und die Umarmung Körperkontakt bedeuten, ist es in Europa und Nordamerika nur teilweise üblich, dass man Frauen und Kinder auf diese Weise zärtlich begrüßt. In islamischen Ländern ist es absolut unstatthaft, und in asiatischen Ländern sollten Sie es nur tun, wenn Ihnen die Frau die Hand reicht. In Indien und in anderen asiatischen Ländern ist eine Begrüßung üblich, bei der die Hände ungefähr in Brusthöhe in einer betenden Position gehalten werden. Dabei macht man eine leichte Verbeugung. In Japan hängt der Grad der Verbeugung übrigens vom Rang des zu Begrüßenden ab, und die in diesem Land so geschätzten Visitenkarten werden noch vor der Verbeugung ausgetauscht. Die fremden Begrüßungsformen zu kennen und zu respektieren wird Ihnen auf jeden Fall wichtige Pluspunkte einbringen, selbst wenn Ihnen Ihr Gegenüber doch die Hände schüttelt, weil sich dies in Geschäftskreisen weltweit eingebürgert hat.

Was man beachten sollte

Das Winken in verschiedenen Formen ist unter anderem bei der Verabschiedung üblich, kann aber durchaus andere Bedeutungen haben und manchmal zu Missverständnissen führen. Das Abschiedswinken in Nordamerika, wo mit erhobener Hand, nach außen zeigenden Handflächen und steifem Handgelenk gewunken wird, gilt in vielen Teilen Europas und Lateinamerikas als Zeichen für »Nein«. Umgekehrt ist das italienische oder griechi-

Eine mehr oder minder herzliche Umarmung ist in manchen Ländern die allgemein übliche Begrüßungsform.

sche Abschiedswinken, bei dem mit ausgestrecktem Arm und nach oben zeigender Handfläche die Finger zum Körper und wieder weg gerollt werden, in Amerika und anderen europäischen Ländern ein Zeichen für »Komm her«. Winken in irgendeiner Form ist zudem gebräuchlich, um etwa einen Kellner auf sich aufmerksam zu machen. Aufgrund der großen Vielfalt der dafür üblichen Gesten ist es empfehlenswert, entweder die Einheimischen zu beobachten oder, falls Sie die Gelegenheit dazu haben, sie zu fragen. Sonst könnten Sie ungewollt ins Fettnäpfchen treten.

In bestimmten Situationen wird der Handschlag mit einer Verbeugung verbunden – ein Zeichen des besonderen Respekts.

Was man vermeiden sollte

Ein besonderes Feld sind die zahlreichen Gesten der Beleidigung. Hier gibt es eine Vielzahl an Klippen, die Sie entsprechend vorsichtig umschiffen sollten. Zuallererst: Verwenden Sie solche Gesten niemals absichtlich, denn es könnte sehr unangenehme Folgen haben. Manchmal kann es passieren, dass Sie eine Geste verwenden, die bei uns völlig harmlos ist, aber im Ausland eine beleidigende Konnotation hat. Dass der erhobene Mittelfinger oder der Unterarmstoß eine der wenigen unmissverständlichen und überall gebräuchlichen Gesten sind, ist nur ein schwacher Trost. Schon der erhobene Daumen, mit dem wir »Alles in Ordnung« signalisieren, ist zwar weltweit gebräuchlich und wird fast überall verstanden, aber eben nur fast: In Australien und in Nigeria ist er höchst beleidigend. Ein anderes Beispiel betrifft Griechenland. Wenn Sie dort mit der Handfläche auf jemanden zeigen, wie es Polizisten hierzulande tun, um »Stopp« zu signaliseren, dann bedeutet dies sinnbildlich, dass Sie ihm Dreck ins Gesicht drücken. Entsprechend ist die Reaktion darauf. Umgekehrt sollten Sie daran denken, dass eine vermeintlich beleidigende Geste eines Fremden in seiner Heimat eine andere Bedeutung haben kann. So hat ein Amerikaner nicht die Absicht, Sie unflätig zu beschimpfen, wenn er mit Daumen und Zeigefinger einen Kreis macht. Vielmehr will er Ihnen nur sagen, dass alles perfekt ist.

Sich den Gegebenheiten anpassen

Zum Abschluss unseres kurzen Ausfluges in die internationale Welt der Gesten noch ein Wort zu Berührungen. Da diese immer in die intime Distanz des anderen eindringen, ist hier äußerste Vorsicht geboten. Das gilt ebenso für das Zulassen von Berührungen. In arabischen Ländern können Sie häufig erleben, dass zwei Männer Hand in Hand die Straße entlangschlendern. Dies hat nicht das Geringste mit Homosexualität zu tun, die dort strikt abgelehnt wird. Vielmehr drücken diese beiden Männer aus, dass sie Freunde sind und sich gegenseitig achten. Sollte Sie also ein Araber an die Hand nehmen, wäre es ein schlimmer Fehler, diese zurückzuweisen, da Sie ihn damit der Freundschaft nicht für wert bezeichnen würden. Auch in Südeuropa, Russland, Lateinamerika und einigen asiatischen Ländern gelten Berührungen als Zeichen der Freundschaft und des Vertrauens. Umgekehrt sollten Sie solche Berührungen dort vermeiden, wo Sie als Angriff auf die Intimsphäre aufgefasst oder eben als Zeichen für Homosexualität missgedeutet werden. Das betrifft vor allem den anglo-amerikanischen Raum, Skandinavien und Japan.

Bevor Sie in ein fremdes Land reisen, sollten Sie sich mit grundlegenden Gesten, Gebärden und Verhaltensmustern vertraut machen. Sie können damit Missverständnissen und Verstimmungen vorbeugen.

Am einfachsten vermeiden Sie Peinlichkeiten, indem Sie Ihre Umwelt aufmerksam beobachten und sich dezent an die landesüblichen Verhaltensweisen anpassen und nicht anderen Ihre kulturellen Maßstäbe aufzwingen. Denn gegenseitige Rücksicht ist schon im eigenen Land angebracht, im Ausland, wo man zu Gast ist, noch um vieles mehr.

Der körpersprachliche Ausdruck im Beruf

Unsere Körpersprache spielt auch im Berufsleben eine wichtige Rolle. Das betrifft natürlich nicht nur Sie selbst, sondern gleichfalls Ihre Vorgesetzten und Kollegen. Damit Sie sich in ihrer Arbeitsumgebung besser zurechtfinden und beruflich leichter weiterkommen, kann Ihnen das Entschlüsseln der Körpersprache der Menschen aus Ihrer nächsten Umgebung wertvolle Informationen liefern.

Zu Beginn der Analyse Ihres körperlichen Ausdrucks im Beruf, fangen Sie noch einmal ganz von vorne an. Erklären Sie, warum Sie den Beruf, den Sie anstreben oder derzeit ausüben, gewählt haben und keinen anderen. Fahren Sie dann fort mit dem Unternehmen, für das Sie arbeiten oder tätig werden wollen. Selbst wenn Sie sich für ein ganz bestimmtes Berufsbild entschieden haben, kann es Unternehmen geben, in denen Sie sich aufgehoben fühlen, und solche, die Sie buchstäblich krank machen würden. Das sollten Sie bei Ihrer Wahl berücksichtigen.

Die Außenwirkung

Jedes Unternehmen besitzt seine eigene und unverwechselbare »Körpersprache«. Sie besteht zunächst im äußeren Erscheinungsbild, welches durch eine entsprechende Ortswahl (Stadtrand- oder Innenstadtlage), Gebäudewahl (modernes Bürogebäude oder repräsentativer Altbau), Inneneinrichtung (nüchterne Funktionalität oder prestigeträchtiges Designermobiliar) und die Gestaltung der Arbeitsplätze (Einzelbüros oder Großraumbüro) gekennzeichnet ist. Dieses im Idealfall einheitliche Corporate Design wird nach innen durch eine so genannte Corporate Identity ergänzt. Das betrifft den Führungsstil des Unternehmens als Ganzes, die Gestaltung der Hierarchie sowie der Entscheidungs- und Informationswege. Sie können also schon vor Ihrem ersten Bewerbungsgespräch eine ganze Menge über das Unternehmen lernen und entscheiden, ob Sie sich dort integrieren können oder nicht.

Berufliche Vorteile

Daneben ist die menschliche Körpersprache durchaus als Faktor des beruflichen Erfolges zu sehen, da man Sie öfter beurteilen wird und Sie selbst auch Urteile über andere fällen werden. Wenn Sie entsprechend selbstsicher, kompetent und teamfähig auftreten, fließt dies unterbewusst in die Beurteilung, die Sie durch Ihre Vorgesetzten erfahren, mit ein. Unsicherheit und Einzelgängertum sind dem beruflichen Fortkommen nicht unbedingt dienlich. Die Ausstrahlung der entsprechenden körpersprachlichen Signale kann Ihnen zudem den Umgang mit Vorgesetzten und Kollegen erleichtern. Sie erkennen schneller den jeweiligen Führungsstil eines Vorgesetzten, die »geheimen« Hierarchien innerhalb des Kollegenkreises und können sich darauf einstellen. Im Berufsleben spielt darüber hinaus die Kleidung als ein Mittel der Körpersprache eine wichtige Rolle.

Führungsstil und Körpersprache

Bei der Beurteilung der Unternehmensführung unterscheidet man prinzipiell drei unterschiedliche Ansätze der Mitarbeiterführung: den autoritären, den partizipativen oder demokratischen und den Laisser-faire-Führungsstil. Diese treten in der Praxis meist in einer gemischten Form auf. Das frühzeitige Erkennen des Führungsstils Ihres Vorgesetzten erlaubt Ihnen ein sensibleres und angemessenes Verhalten.

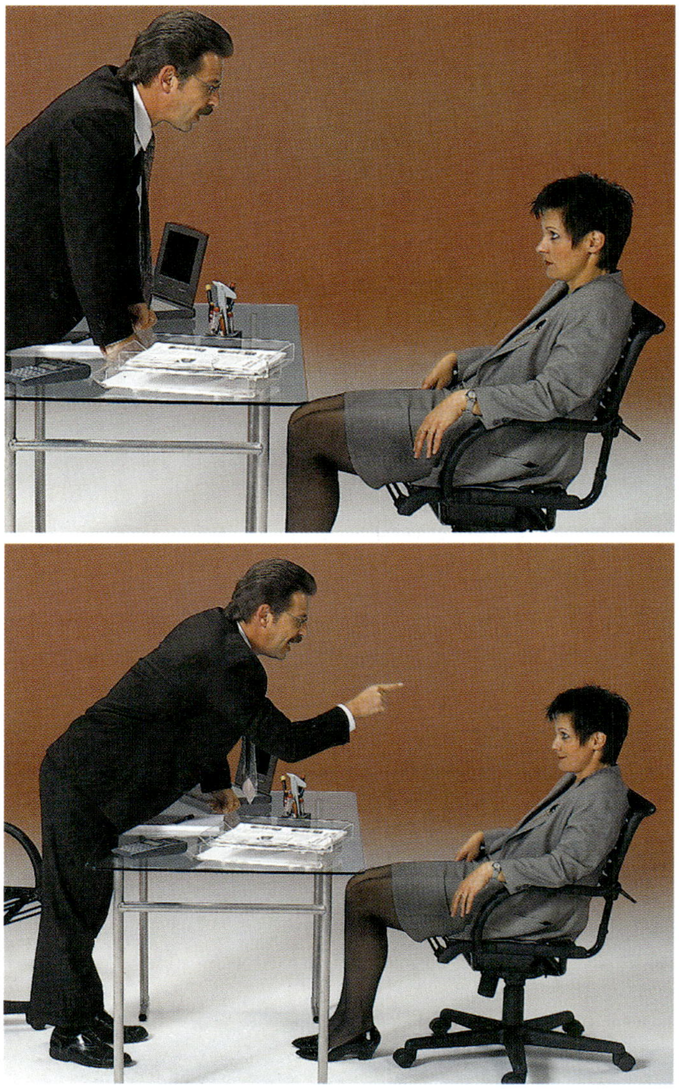

Ein autoritärer Chef legt größten Wert auf die korrekte Einhaltung der Hierarchiegrenzen. Er will sich deutlich von seinen Untergebenen abheben.

Der autoritäre Führungsstil

Ein autoritärer Vorgesetzter legt Wert auf den ihm in der Hierarchie zukommenden Platz und hebt sich deutlich von seinen Untergebenen ab. Statussymbole wie ein größeres und besser eingerichtetes Büro, ein Dienstwagen der Luxusklasse und teure, den Formen der jeweiligen Branche entsprechende Kleidung werden zur Betonung der unterschiedlichen Rangstellung hervorgehoben. Körpersprachlich ist diese gewollte Distanz ebenfalls leicht auszumachen. Ein autoritärer Chef verbarrikadiert sich hinter seinem Schreibtisch, sein Büro ist nicht zugänglich, entweder weil ein freundlicher Drache vor seiner Tür jeden ungebetenen Gast abfängt oder die Tür geschlossen ist. Er selbst bleibt streng sachlich, das Gesicht zeigt so gut wie keine Gefühle, die Haltung ist aufrecht, die Bewegungen sind wohl dosiert, der Kopf ist gerade erhoben und das Kinn zeigt nach vorne.

Was zu beachten ist

Um bei einem solch dominanten Vorgesetzten nicht anzuecken und seine Kreise, die er so sehr deutlich macht, nicht zu stören, sollten Sie schon durch ihre Körpersprache zum Ausdruck bringen, dass Sie seine Spielregeln akzeptieren und die nötige Distanz wahren. Dazu gehören so einfache Dinge wie das Anklopfen vor dem Eintreten in sein Büro und das Unterlassen unaufgeforderten Handelns.

Sprachlich empfiehlt sich ein sachlicher Tonfall im Umgang mit ihm, ergreifen Sie nur nach Aufforderung das Wort und schildern Sie möglichst kurz und knapp Ihre Sicht der Dinge. Geschwätzigkeit und private Angelegenheiten sind Führungskräften dieses Typus zuwider. Sie schätzen in der Regel die Leistungsfähigkeit Ihrer Mitarbeiter höher ein als ihre menschlichen Qualitäten. Je professioneller Sie sich in Bezug auf Inhalt und Darstellung zeigen, desto mehr werden Sie von diesem Chef als Mitarbeiter geschätzt.

Sollte je ein persönlicheres Gespräch stattfinden, so wird er es bei passender Gelegenheit (Dienstreise, Betriebsfest oder eine ähnliche Situation) eröffnen, für Sie selbst gilt aber auch hier äußerste Zurückhaltung.

Bevor Sie eine Stelle antreten sollten Sie abwägen, ob Sie mit dem Unternehmensführungsstil zurechtkommen.

Der partizipative oder demokratische Führungsstil

Bei einer Führungskraft, die diesen Stil kultiviert, spielen Statussymbole und Rangunterschiede ganz offenkundig eine untergeordnete Rolle. Das heißt jedoch nicht, dass sie nicht existieren oder Sie sich einfach darüber hinwegsetzen dürfen. Um den Rahmen des Erlaubten einzuhalten, ist ein gewisses Maß an Fingerspitzengefühl unbedingt notwendig, um nicht in das ein oder andere Fettnäpfchen zu treten. Das sichtbarste Zeichen einer Führungskraft diesen Schlages ist die offene Bürotür, die symbolisch für die Zugänglichkeit gegenüber eigenen Mitarbeitern steht. Die Bezugsebene soll zur stärkeren Motivierung der Untergebenen bewusst nicht nur sachlich, sondern auch persönlich sein. Daher ist von Ihrer Seite ein entsprechend offenes und aufrichtiges Auftreten angebracht, das gefühlvoll sein darf, ohne dabei ins Kumpelhafte oder ins Werbeverhalten abzugleiten.

Sind für einen Vorgesetzten Rangunterschiede von geringerer Bedeutung, benötigt man allgemein mehr Fingerspitzengefühl.

Im Gegensatz zum autoritären Chef sind die Hierarchiegrenzen hier weniger sichtbar, sie sind aber dennoch vorhanden und wollen eingehalten werden, um keine nachteiligen Reaktionen hervorzurufen.
Dies sollte sich in Ihrem Verhalten widerspiegeln, wenn Sie beispielsweise darauf achten, die Rede des Vorgesetzten nicht zu unterbrechen, und ihre Beiträge immer sachlich und angemessen mit kreativen Einsprengseln gestalten.

Der Laisser-faire-Stil

Diese Art der Unternehmensführung kann für Sie Chance und Risiko zugleich darstellen. Da ein solcher Vorgesetzter sich kaum in Ihre Arbeit einmischt, sondern vor allem am Ergebnis interessiert ist, haben Sie einerseits die Chance, Ihre Fähigkeiten voll unter Beweis zu stellen und eigenständig Ergebnisse zu erzielen, die als solche auch gewürdigt werden. Andererseits erhalten Sie in den seltensten Fällen eine Rückmeldung über den Stand Ihrer Arbeit. In diesem Fall ist eine höhere Selbstmotivation ebenso notwendig wie ein größeres Maß an Selbstständigkeit.
Gerade Menschen, die gerne im Team arbeiten, wo weder mit Kritik noch mit Lob gespart wird, tun sich in diesem Rahmen etwas schwer. Die Führung durch den Vorgesetzten erscheint kaum sichtbar und nur für Eingeweihte wahrnehmbar. Statussymbole werden kaum eingesetzt und dienen dann eher der Abschottung und Wahrung der Intimsphäre, als der Zurschaustellung der eigenen Position. Der Umgangston untereinander ist sachlich, distanziert und auf das fachlich Notwendige beschränkt. Sollten Sie gegebenenfalls Signale der Unaufmerksamkeit entdecken, so liegt das oft weniger an Ihnen als an der inneren Zurückgezogenheit ihres Chefs.

»Kleider machen Leute.« – Carl Zuckmayers Hauptmann von Köpenick aus dem gleichnamigen Stück ist auch heute noch beredtes Beispiel dafür, was die Wahl der angemessenen Kleidung bewirken und ausdrücken kann.

Die Wahl der richtigen Kleidung

Menschen werden zunächst nach ihrer Kleidung und ihrem Gebaren beurteilt. Erst dann wirft man gegebenenfalls einen Blick auf Ihr eigentliches Wesen. Kleidung, die während der Arbeit getragen wird, hat nicht nur eine funktionale Bedeutung, sondern sie strahlt stets eine Wirkung nach außen ab. Entweder soll Sie für Selbstsicherheit und Kompetenz ihres Trägers stehen und eine Führungskraft als Verantwortungsträger kenntlich machen oder das Verhältnis zu den Mitarbeitern kennzeichnen. So spiegelt sich der jeweilige Führungsstil in entsprechender Kleidung wider. Eine autoritäre Führungskraft wird einen dunklen, klassisch geschnittenen und unnahbar wirkenden Anzug wählen, während eine demokratische Führungskraft von den Mitarbeitern bekleidungsmäßig kaum zu unterscheiden sein dürfte. Ein Laisser-faire-Chef kann sogar in Jeans und Pullover erscheinen.

Was die Erscheinung ausmacht

Kleidung ist unsere zweite Haut, die wir im Gegensatz zur ersten auswählen und wechseln können, um uns darin wohl zu fühlen und eine entsprechende Wirkung nach außen zu erzielen. Wer beruflich etwas erreichen möchte, sollte den ungeschriebenen Bekleidungskodex eines Unternehmens vorher genauestens unter die Lupe nehmen. Denn Kleidung schindet Eindruck, lässt einen sich unauffällig integrieren oder macht sehr schnell unbeliebt. Das richtige Outfit ist eine Frage des Fingerspitzengefühls, da man weder die Kollegen düpieren noch den Chef in Sachen Kleidung ausstechen will. Deshalb sollten neben den passenden Textilien auch Frisur, Accessoires, Schmuck und Make-up auf die jeweilige Situation abgestimmt werden.

Ob Anzug, Kostüm oder Jeans: Wenn Sie sich dem Anlass und Ihrem Typ entsprechend kleiden, sind Sie fast immer gut angezogen und fühlen sich in Ihrer (zweiten) Haut wohl.

Wie der Mann sich kleidet

Für Männer ist die Geschäftskleidung vereinheitlicht: Der Anzug gilt in vielen Branchen immer noch als Muss. In anderen Bereichen hat die Jeans, kombiniert mit einem Sakko mit oder ohne Krawatte, bereits Einzug gehalten und signalisiert jugendliche Dynamik und Kreativität. Beim Herrenanzug steckt der Teufel jedoch im Detail. Hier muss auf die zum Typ passende Farbe, das Schnittmuster und den Stoff geachtet werden. Oberstes Kriterium ist: Die Kleidung muss die eigene Persönlichkeit unterstreichen. Wenn man sich in ihr wohl fühlt, hat man eine positive Ausstrahlung.

Die Auswahl der Farben

Für manche Branchen hat sich eine Art Farbkodex herausgebildet, an dem man den Beruf ablesen kann. So sind Weiß und Hellblau die Farben von Ärzten, Krankenschwestern und Apothekern, da sie auf der einen Seite Vertrauen und Seriosität vermitteln, auf der anderen Sensibilität und Mitgefühl ausstrahlen. Im Restaurantbereich treffen wir meist Kombinationen aus Schwarz, Weiß und Dunkelrot an. Wie im Gesundheitsbereich tragen in manchen Betrieben die Bediensteten eine Kopfbedeckung, die das Herunterfallen von Haaren vermeiden soll.

Die Farbe Schwarz ist die intellektuellste Farbe, die nicht umsonst bei Musikern und Literaten am häufigsten anzutreffen ist. Ebenso schmücken sich Designer und Modemacher gerne mit der Aura der Unnahbarkeit und Vergeistigtheit. In vielen kreativen und freien Berufen hat sich dagegen die Jeans einen Platz im Kleiderschrank erobert. Zusammen mit Sakko und Krawatte ist sie halbformell und drückt Kreativität und Freiheit hervorragend aus, da sie sich vom Anzugseinerlei abhebt.

Die Wahl der korrekten Berufskleidung ist durchaus nicht einfach und erfordert Fingerspitzengefühl. Die Kleidung sollte auf alle Fälle die eigene Persönlichkeit betonen, und man sollte sich darin stets wohl fühlen – nur dann hat man eine positive Ausstrahlung.

Die Qual der Wahl

Die klassische Bürokleidung bleibt für Männer ein Anzug in Dunkelblau oder Grau. Diese Farben strahlen natürliche Autorität und Kompetenz aus, wie sie gerade von autoritären Führungskräften bevorzugt wird. Schwarz ist die edelste Anzugsfarbe und bleibt gewöhnlich der obersten Führungsetage vorbehalten und für besondere (Abend-)Veranstaltungen in Reserve. Ein heller Anzug wirkt dagegen leger, weniger vornehm und distanziert und passt eher zu einer demokratischen Führungskraft. Für junge Führungskräfte ist die Wahl insofern schwierig, weil sie dadurch zwar ihren Anspruch als aufstrebende und ehrgeizige Mitarbeiter unterstreichen können, andererseits ihre Kollegen und Vorgesetzten durch zu elegante Kleidung nicht ausstechen sollten.

Wie sich die Frau kleidet

Die richtige Berufskleidung zu finden, mit der eine Frau ihre Kompetenz und Führungsrolle ausstrahlt und dennoch attraktiv bleibt, stellt für viele Berufstätige weiblichen Geschlechts eine Gratwanderung dar. Der Wunsch, als Frau gut auszusehen, ohne die eigene Sexualität zu sehr in den Vordergrund zu rücken und damit dem Klischee von schön aber geistig minderbemittelt ausgeliefert zu sein, macht bei der Berufskleidung die eine oder andere Anleihe bei der Herrenmode nötig. So hat sich auch für Frauen der Hosenanzug eingebürgert, da er den Blick auf die Beine verwehrt. Schulterpolster, die alle Jahre wieder in Mode sind, verleihen Frauen zudem eine breitere Schulterpartie, die automatisch vom Betrachter mit männlicher Stärke und Durchsetzungsvermögen assoziiert wird. Kostüme gibt es heute in den verschiedensten Variationen und Rocklängen, wobei die ganz kurze Variante immer auf sexuelle Verfügbarkeit schließen lässt. Hier braucht die Frau eine Menge Biss, um potenzielle Bewerber, die weniger an ihren beruflichen Fähigkeiten interessiert sind, abzuschrecken und sich diese dennoch als gleichberechtigte Gesprächspartner gewogen zu halten. Hat eine Frau sich einmal eine bestimmte berufliche Stellung erobert, werden jedoch auch kurze Röcke und hohe Schuhe ihrer autoritären Wirkung in der Regel keinen Abbruch tun.

Je besser Sie Ihr berufliches Outfit auf Ihre Persönlichkeit abstimmen, desto stärker ist Ihre Wirkung auf Vorgesetzte, Kollegen und Geschäftspartner.

Farben und Accessoires

Bezüglich der Farben gilt für Frauen prinzipiell das Gleiche wie für Männer: Je dunkler die Kleidung ist, desto eleganter und anspruchsvoller aber auch kühler und distanzierter wirkt sie. Ein dunkles Blau, Grau oder Grün sind die besten Farben, um die Botschaft zu transportieren, dass die Frau im Berufsleben durchaus ihren Mann steht. Im Gegensatz zu Männern, die allenfalls noch durch eine besondere Krawatte auffallen können, steht Frauen ein größeres Repertoire von Accessoires zur Verfügung, um der leicht uniformiert wirkenden Dienstkleidung einen individuellen Anstrich zu verleihen. Das können Schmuckstücke oder Modeaccessoires wie Halstücher und Handtaschen sein. Alles sollte wohl dosiert und möglichst aufeinander abgestimmt getragen werden.

Der Gesamteindruck

Schlichte Eleganz verstärkt den kompetenten Eindruck, überbordender Schmuck oder grelles Make-up können die Wirkung sachlicher Geschäftskleidung von der Wirkung ad absurdum führen und Kollegen wie Kunden verwirren. Trendaccessoires sind in kreativen Berufen gefragt, sollten allerdings genauso wenig den persönlichen Ausdruck überlappen. Das Haar ist eines der wirksamsten sexuellen Symbole der Frau. Zusammengebundenes oder nach hinten gekämmtes Haar betont die zurückgehaltene Weiblichkeit, die Frauen in der Geschäftswelt davor schützt, von männlichen Geschäftspartnern primär als Frau und nicht als Führungskraft gesehen zu werden. Kurzes Haar wirkt originell und selbstbewusst, kann jedoch schnell betont knabenhaft und männlich erscheinen. Die Botschaft, die Sie durch Kleidung, Frisur und Accessoires ausstrahlen, sollte sich in all ihren Punkten ergänzen und keinesfalls widersprüchliche Signale verbreiten. Ausnahmen stellen hier sicher die kreativen Berufe dar, in denen ein wenig Verwirrung der gängigen Zeichen und Symbole gefragt ist. Je abgestimmter Ihr Outfit auf Ihre Persönlichkeit ist, desto besser können Sie Ihre Wirkung auf andere verstärken und auf einfache Weise Pluspunkte sammeln.

Wie Mitarbeiter geführt werden

Unabhängig vom Führungsstil, den Sie an den Tag legen, sobald Sie Menschen führen sollen, wird von Ihnen ein entsprechendes Verhalten erwartet. Nun gibt es Verhaltensweisen, die man generell im Umgang mit anderen Menschen berücksichtigen sollte. Dazu gehört das Vermeiden einer servilen, unterwürfigen Art und die bedingungslose Anbiederung an Höherrangige ebenso wie das offenkundige Herabsetzen eines Gesprächspartners, vor allem bei Anwesenheit Dritter. Daneben sind einige Verhaltensformen von Bedeutung, die besonders Menschen in Führungspositionen beachten sollten. Das größte Problem der Mitarbeiterführung ist die Gratwanderung zwischen Menschlichkeit und emotionaler Nähe, die Mitarbeiter sich von ihrem Chef wünschen, und Sachlichkeit und Führungsstärke, die gleichfalls erwartet werden.

Es ist für niemanden angenehm, wenn er vor anderen bloßgestellt wird. Auch wenn Sie als Vorgesetzter berechtigt Kritik üben, sollten Sie ein offenes Einzelgespräch vorziehen.

Auf der einen Seite suchen die Untergebenen Verständnis und Nähe, um dadurch motiviert arbeiten zu können. Andererseits soll ein Chef in Sachfragen Kompetenz ausstrahlen und Anweisungen geben. Man setzt Vertrauen in ihn, dass er das Ziel der Abteilung oder des Unternehmens erreicht. Menschliche Führungsqualitäten und erfolgreiche Ergebnisse sind die besten Mittel, um sich den Respekt der Mitarbeiter zu erhalten.

Das Verhalten im Gespräch

Um Ihr Profil als Führungskraft aufzubauen, ist es nützlich, sich einige körpersprachliche Verhaltensweisen bewusst zu machen und entsprechend einzusetzen. Wenn Sie sich im Gespräch mit einem Mitarbeiter befinden, so lassen Sie andere Tätigkeiten ruhen, halten Sie Blickkontakt mit ihm und vergewissern Sie seine Rede durch zustimmendes Nicken, das nicht ungeduldig wirken sollte. Selbst wenn Sie viel zu tun haben, gibt es für einen Mitarbeiter nichts Frustrierenderes, als wenn Sie während des Gespräches Telefonate annehmen, Unterlagen durchforsten oder gar schreiben – es sei denn, es handelt sich um Notizen über die aktuellen Gesprächsinhalte. Wenn Sie viel Arbeit vor sich haben, dann halten Sie das Gespräch kurz, aber schenken Sie Ihrem Gesprächspartner volle Aufmerksamkeit. Das können Sie leicht durch das Zuwenden des Körpers, die Offenheit von Händen und Armen sowie Blickkontakt zeigen. Vermeiden Sie Signale der Eile oder des Desinteresses. Fassen Sie die wesentlichen Punkte des Gespräches für beide Seiten noch einmal zusammen, damit keine Missverständnisse entstehen. Dies zeigt Ihrem Mitarbeiter zudem, dass Sie seinen Ausführungen aufmerksam gefolgt sind und motiviert ihn zusätzlich.

Die notwendige Rückendeckung

Sollten Sie mit einer Situation konfrontiert werden, in der sich ein Kunde oder eine andere Person über ihren Mitarbeiter beschwert, dann stellen Sie sich im wahrsten Sinne des Wortes schützend vor ihn. Nichts ist für einen Mitarbeiter unangenehmer, als wenn er im Regen stehen gelassen oder vor versammelter Mannschaft heruntergeputzt wird. Selbst wenn er tatsächlich einen Fehler gemacht hat, so wird er sich vermutlich selbst darüber am meisten ärgern. Stellen Sie ihn diesbezüglich möglichst unauffällig für die anderen zu einem späteren Zeitpunkt zur Rede und besprechen Sie mit ihm die zukünftige Vorgehensweise in dieser Sache.

> Mitarbeiterführung in einer Führungsrolle erfordert Ausgewogenheit zwischen Menschlichkeit und Sachlichkeit.

Was eine Führungskraft vermeiden sollte

Wenn Sie als Führungskraft eine neue Aufgabe annehmen, dann entweder durch den Einstieg in ein neues Unternehmen oder durch den Aufstieg innerhalb einer Abteilung. Im ersten Fall haben Sie den Vorteil, dass Sie noch niemand kennt, Ihnen kein Image anhaftet oder ein bestimmter Ruf vorauseilt. Sie können von einer neutralen Position aus Ihr Profil aufbauen. Andererseits sind Sie neu und kennen das Umfeld noch nicht. Das führt zu einer natürlichen Verunsicherung. Beim Aufstieg innerhalb einer Abteilung kennen Sie sich zwar unternehmensintern aus, doch haben Ihre Mitarbeiter die direkte Vergleichsmöglichkeit ihres Verhaltens vor und nach der Beförderung. Dann sind Sie in der schwierigen Situation, sich ein neues Profil aufbauen zu müssen.
In beiden Fällen müssen Sie körpersprachlich zum Ausdruck bringen, dass Sie bei allem Teamgeist und aller Mitbestimmung die Entscheidungen treffen, weil Sie am Ende für die Ergebnisse der Abteilung verantwortlich gemacht werden.

Respekt erfordert Distanz

Im Umgang mit Ihren Mitarbeitern sollten Sie das nötige Fingerspitzengefühl für den Einsatz von Abstand und Nähe haben. Wenn Sie also Ihren Mitarbeitern körperlich nahe kommen, dann nur, wenn es sich um Sachthemen handelt und es beispielsweise die gemeinsame Arbeit am Computer erforderlich macht. Bei privaten Angelegenheiten wird entweder die jeweilige Distanz gewahrt oder man fasst sich kurz. Gerade Berufseinsteiger haben damit Probleme, weil Sie sich in ein Team integrieren wollen, das Sie führen und lenken müssen. Deshalb nützt es nichts, sich jovial einzuführen und so zu tun, als gäbe es keinen Abstand zwischen Ihnen und den anderen. Selbst wenn Sie Erster unter Gleichen sind, letztlich rollt Ihr Kopf, wenn etwas schief läuft. Daher müssen Sie sich den Respekt Ihrer Mitarbeiter wahren.

Kompetenz überzeugt

Es ist ein Fehler, wenn Sie zu lange reden oder zu emotional wirken. Selbst wenn Sie dadurch an menschlichen Qualitäten gewinnen. Auf Ihre sachliche Kompetenz wirkt es sich verheerend aus, wenn Sie Ihre Gefühle nicht im Griff haben oder sich sogar aufs Mobben verlegen und Klatsch verbreiten. Gleiches gilt auch für die Kollegen. Wer Ihnen als Führungskraft zu lange unrelevante Dinge sagen darf, ohne dass Sie ihm Einhalt gebieten, verspielt seinen Anspruch auf Kompetenz und Glaubwürdigkeit. Wenn Sie selbst kurz und präzise die Probleme auf den Punkt bringen und Aufgaben delegieren, dann werden Sie am ehesten ein solches Verhalten bei Ihren Mitarbeitern erzeugen können.

Wie man sich selbst motiviert

Je positiver Sie gestimmt sind, desto besser wird ihre Arbeit ausfallen. Daher gehört es zu den einfachsten Dingen, sich den Arbeitsplatz so zu gestalten, dass man sich wohl fühlt und gerne an ihm arbeitet. Arbeitsforscher wissen seit langem, dass sich die Beleuchtung, die Farbe, die Höhe der Räume, die Temperatur und andere Faktoren auf die Leistungsfähigkeit eines Menschen auswirken. Ebenso ist die eigene Körpersprache, die Haltung und Ausdrucksweise mit dem Wohlbefinden rückgekoppelt. Wir strahlen also nicht nur einfach unsere Gefühlslage aus, sondern wir können Sie, wenigstens für einen kurzen Zeitraum, durch unsere Haltung beeinflussen.

Das selbstbewusste Auftreten hängt von der eigenen Selbstsicherheit ab, die man durchaus trainieren kann.

Ängste abbauen

Jeder kennt diese Situation: Sie wollen ein Projekt vorstellen und sind im Zweifel, ob es angenommen wird. Ihre Unsicherheit strahlen Sie über verkrampfte Gesten, eine flatterige Stimme, Schwitzen oder Leichenblässe aus, und sie kann für Sie zum eigentlichen Problem werden. Eigentlich sind Sie von sich und Ihrem Projekt überzeugt, stattdessen zeigen Sie Signale, die den anderen nicht vermitteln, dass sich dies so verhält. Durch Ihre Angst gefährden Sie Ihren Erfolg und damit die Früchte Ihrer Arbeit, noch bevor die Vorstellung überhaupt begonnen hat. Um das Lampenfieber abzubauen, rufen Sie sich im Vorfeld am besten eine ähnliche Situation in Erinnerung. Fühlen Sie nach, ob Sie das gleiche Gefühl der Nervosität und Aufgeregtheit hatten und wie Sie es erfolgreich bewältigt haben. Sie erinnern sich sicherlich an das gute Gefühl danach und die gewonnene Selbstsicherheit. Mit dieser positiven Selbstprogrammierung schaffen Sie es auch diesmal. Diese Gedanken behalten Sie im Hinterkopf, dann wird der Mund wieder feucht, die Knie fester und die Haltung selbstbewusster.

Motivation programmieren

Ob Sie körpersprachlich sicher auftreten, hängt weitgehend von Ihrer inneren Stabilität und Selbstsicherheit ab. Sie können sich durchaus körpersprachlich selbst motivieren, um aufmerksamer und handlungsbereiter zu sein. Halten Sie sich möglichst aufrecht, auch im Sitzen, und lächeln Sie Ihr Gegenüber an, selbst wenn Ihnen momentan nicht danach sein sollte. Sie werden merken, nach einigen Minuten erscheint Ihnen die Situation gar nicht mehr so dramatisch, bestenfalls sogar in einem heiteren Licht. Wenn Sie eine nervtötende Besprechung oder ein langweiliges Seminar durchhalten wollen, dann können Sie sich ähnlich selbst programmieren, wie Sie sich mit Selbstsicherheit wappnen.

Bei plötzlichen Angstattacken oder in Stresssituationen gilt grundsätzlich: Erst einmal tief durchatmen!

Abstand gewinnen

Werden Sie von einer Angstattacke während oder kurz vor der Präsentation heimgesucht, verlassen Sie den Raum unter einem Vorwand, etwa einem Telefonat. Dann sorgen Sie für etwas Bewegung durch rasches Hin- und Hergehen, damit Ihr Kreislauf wieder in Gang kommt. Kaltes Wasser auf die Hände, den Nacken und das Gesicht fließen zu lassen ist ebenfalls ein gutes Mittel, um wieder frisch zu werden. Sobald Sie in den Veranstaltungsraum zurückgekehrt sind, setzen Sie sich aufrecht hin, oder stellen Sie sich möglichst gerade und halten Ihren Körper unter Spannung. So kann die Energie in Ihrem Körper wieder besser fließen und Sie haben mehr vom Rest des Seminars, der Besprechung oder der Präsentation.

Verhandlungen erfolgreich führen

Im beruflichen Alltag werden Sie häufiger damit konfrontiert, in Sitzungen mit Kollegen zu einem gemeinsamen Ergebnis zu kommen oder mit Geschäftspartnern anderer Unternehmen über Konditionen und Verträge zu verhandeln. Ihr Ziel sollte allerdings nicht sein, durch fragwürdige Tricks oder faulen Zauber ihre Gesprächspartner über den Tisch zu ziehen, sondern sachlich orientiert zu Lösungen zu gelangen, die für alle Beteiligten zufriedenstellend sind. Nur so wird sich langfristig Erfolg einstellen.

Am Verhandlungstisch kann es hilfreich sein, auf die körpersprachlichen Signale der Partner zu achten, um entsprechend reagieren zu können.

Körpersprache stellt für Sie ein wertvolles Hilfsmittel dar, um die Bedürfnisse und die Gefühlslage der anderen Gesprächsteilnehmer zu ermitteln und entsprechend zu reagieren. Wenn es um Gespräche und Verhandlungen geht, kann man verschiedene Verhaltensstile ausmachen, die sich in der Ausrichtung von Sach- und Beziehungsebene unterscheiden. Wie zielgerichtet jemand auf der Sachebene vorgeht und wie locker er Beziehungen knüpft, können Sie an seiner Körpersprache erkennen. Daran sollte sich Ihr Verhandlungsstil orientieren, um durch eine jeweils die vorrangigen Interessen des Gesprächspartners ansprechende Argumentation überzeugen zu können.

Rücksichtslose Gesprächspartner

Da gibt es zunächst Personen, die allein an einem Ergebnis interessiert sind, welches zu ihren Gunsten ausfällt. Sie verhalten sich sowohl verbal als auch körpersprachlich rücksichtslos, benutzen so genannte Ellbogentaktiken und wissen eigentlich schon vor dem Gespräch, wie die einzig mögliche Lösung auszusehen hat. Dies drückt sich verbal durch eine forsche, aber nicht unbedingt logisch überzeugende Argumentation aus. Einsprüche und Gegenargumente werden niedergebügelt, notfalls unter Ausübung von Druck und Lautstärke. Körpersprachlich erkennen Sie derartige Menschen leicht durch die allgegenwärtigen Dominanzgesten, die eigenes Territorium sichern, während sie rücksichtlos in fremdes eindringen. Hinter all der Dynamik versteckt sich nur ein Wunsch: Durchsetzung der eigenen Interessen, koste es, was es wolle.

> Bei geschäftlichen Verhandlungen ist das Erkennen der Körpersprache des Gesprächspartners für die eigene Verhandlungstaktik, die Wortwahl etc. von entscheidender Bedeutung.

Auf Kompromiss bedacht

Umgekehrt gibt es Gesprächspartner, die sich einseitig auf die Beziehungsebene konzentrieren, und dabei ihre geschäftlichen Interessen aus den Augen verlieren bzw. hintanstellen. Solche Menschen sind äußerst höfliche und geduldige Zuhörer, die alles tun, um einen auch noch so unhaltbaren Kompromiss zu erzielen. In der Sache tun sie aber keinem der Beteiligten einen Gefallen. Die beste Grundlage bei Geschäftspartnern sind gemeinsame Interessen und nicht einseitiger Vorteil aufgrund falscher Kompromisse. Deshalb sind Verhandlungen mit diesen Menschen schwieriger, als es oberflächlich den Anschein hat. Körpersprachlich sind solche Menschen relativ einfach durch friedlich übereinander liegende Hände, eine geneigte Kopfhaltung und ein stets freundliches Lächeln zu erkennen.

Offensichtliches Desinteresse

Zur schwierigsten Gruppe von Gesprächspartnern zählen jene, die weder sachlich noch persönlich interessiert oder engagiert sind. Sie sind durch ihre betonte Unauffälligkeit am leichtesten auszumachen. Zu den Argumenten wird geschwiegen, interessierte Fragen werden nicht gestellt und körpersprachlich ist nicht das leiseste Interesse zu erkennen. Die Haltung kann von einer beruflichen oder privaten Frustration herrühren, die sich negativ auf den Verhandlungsverlauf auswirkt. Wenn Sie dieses Verhalten an jemandem im Gesprächsverlauf erkennen, sollten Sie nicht davor zurückscheuen, das Problem des fehlenden Interesses offen anzusprechen und zu ergründen. Es unter den Teppich zu kehren, ist in den meisten Fällen nur eine kurzfristige Lösung.

Die richtige Verhandlungsbasis

Am einfachsten gestalten sich die Verhandlungen mit Gesprächspartnern, die willens und in der Lage sind, sowohl die Sachebene nüchtern im Auge zu behalten als auch die Wünsche und Sorgen des anderen zu respektieren und zu berücksichtigen. Verbal erkennen Sie das an der Entstehung eines echten Dialogs, der nicht nur im Austausch der gegenseitigen Positionen besteht, sondern aufrichtig die Argumente des anderen aufgreift und eine gemeinsame Lösung anstrebt. Nonverbal ist diese Einstellung durch eine aufrechte Körperhaltung, den offenen Blickkontakt und eine vermittelnde Gestik auszumachen.

Die richtige Taktik

Sollten Sie in einer Projektgruppe oder Verhandlungsrunde gar den Vorsitz innehaben, dann ist es für Sie besonders wichtig, dass Sie die verschiedenen Verhandlungsstile erkennen, um Sie in Ihrem Sinne in eine konstruktive Bahn zu lenken. Deshalb sollten Sie zuallererst darauf bedacht sein, stets alle Teilnehmer zu integrieren und bei Laune zu halten.

Da sich die meisten Menschen lange vor ihrer verbalen Äußerung körpersprachlich zu erkennen geben (Signale der Zustimmung, Ablehnung, Wut, Frustration oder Desinteresse), können Sie auch entsprechend frühzeitig reagieren, um eventuell auftretende Spannungen abzubauen. Wenn jemand allzu sehr auftrumpft, müssen Sie ihn bremsen, damit nicht ein Monolog den Dialog erstickt. Umgekehrt sollten Sie jemanden, der sich innerlich aus der Runde ausgeklinkt hat, wieder ins Gespräch zurückführen. Nur wenn alle an einem Strang ziehen, wird das beste Ergebnis erzielt. Die Entscheidungsträger muss man besonders im Auge behalten, denn wer über ein Vetorecht verfügt, kann jede Entscheidung blockieren oder vertagen. Aber auch weniger wichtig erscheinende Teilnehmer sollten Sie jedenfalls beachten. Sie können später bei der Umsetzung eines Projektes, das ihnen gegen ihren Willen aufgezwungen wurde, durch inneren Widerstand zu einem schwerwiegenden Hindernis werden. Das Erkennen der Körpersprache kann Ihnen die Sachprobleme nicht aus dem Weg räumen, gleichwohl durch die Schaffung einer optimalen Kommunikationsbasis mit allen Beteiligten die Überwindung solcher Probleme erleichtern.

In einer Gruppe sollten alle Teilnehmer in die Diskussion mit einbezogen werden. Die Körpersprache gibt meist Aufschluss über die Stimmungslage jedes Einzelnen.

Präsentationen wirkungsvoller gestalten

Eine Präsentation kann im beruflichen Umfeld aus verschiedenen Gründen auf Sie zukommen. Wenn Sie sich als Architekt oder Mitglied einer Werbeagentur an einer Ausschreibung beteiligen, müssen Sie Ihre Vorschläge beim Kunden vorstellen; oder Sie wollen als PR-Chef eines Unternehmens für positive Berichterstattung über ein neues Produkt sorgen. Die Zielsetzung ist auf jeden Fall folgende: Sie müssen Ihren Zuhörern (und meist auch Zuschauern) Ihre Vorschläge so nahe bringen, dass Sie entweder den Auftrag erhalten oder künftig mit Unterstützung rechnen können. Dabei sollten Sie immer bedenken: Die sachliche Argumentation mit Fakten ist nur eine Seite der Präsentation. Viel wichtiger für die Entscheidungsfindung sind in aller Regel Sie selbst und Ihr Auftritt. Je glaubhafter und vertrauenswürdiger Sie den anderen erscheinen, desto eher kommen Sie ans Ziel. Aus diesem Grunde sollten Sie darauf achten, stets im Blickfeld all Ihrer Zuhörer, die gleichzeitig Zuschauer sind, zu stehen.

Visuelle Hilfsmittel

Bei der Präsentation wird oft mit Kurzfilmen, Dia-, Multimedia- oder Overheadprojektionen und Flipchartaufzeichnungen gearbeitet. Die Visualisierung hat einen guten Grund: Untersuchungen belegen eindeutig, dass ein Vortrag durch diese Hilfsmittel wesentlich besser in Erinnerung bleibt als eine bloße Rede. Sie sollten nicht darauf verzichten. Derartige Hilfsmittel machen es Ihnen darüber hinaus möglich, Ihren Standort während des Vortrages mehrfach zu wechseln und so für mehr Aufmerksamkeit bei Ihren Zuhörern bzw. Zuschauern zu sorgen.

Beim Einsatz visueller Hilfsmittel sollte man ein paar wesentliche Dinge unbedingt beachten, damit sie in ihrer Wirkung nicht vergeudet werden. Wenden Sie Ihrem Publikum niemals den Rücken zu, da Sie sonst den so wichtigen Blickkontakt verlieren. Selbst wenn Sie sich am Flipchart, Overhead- oder Diaprojektor bewegen, sollten Sie seitlich zum Publikum stehen. Lassen Sie die Bilder wirken, indem Sie ihre Zuschauer kurze Zeit schweigend und bewegungslos mit ihnen allein lassen. Erst danach fahren Sie wieder mit Ihrem Vortrag fort und machen aus Ihrem Publikum wieder Zuhörer.

Bei der Präsentation eines Produkts entschwindet oftmals das eigene Auftreten über das Ergebnis.

In der freien Rede überzeugen

Für jeden Redner gilt der Ausspruch von Kurt Tucholsky: »Du kannst über alles reden, aber maximal 45 Minuten.« Um die Wirkung der Rede körpersprachlich zu unterstützen, sollten Sie grundsätzlich das Publikum und die zu übermittelnde Botschaft im Auge behalten. Scheuen Sie nicht davor zurück, immer wieder den Blick auf Ihre Zuhörer zu richten und durch Gesten das Gesagte zu unterstreichen. Sie können außerdem Ihren Standpunkt auf der Bühne mehrmals wechseln, um etwas Bewegung in den Vortrag zu bringen. Denken Sie daran, dass Ihr Publikum nicht nur etwas zu hören, sondern auch zu sehen bekommt. Deshalb ist es für jeden Redner eine Todsünde, seiner Zuhörerschaft den Rücken zuzuwenden oder sich hinter einem Rednerpult zu verschanzen. Sie stehen ohnehin im Mittelpunkt, also begeben Sie sich auch sichtbar dorthin.

Zudem müssen Sie Ihren Zuhörern stets das Gefühl vermitteln, dass Sie genau wissen, worüber Sie sprechen, und Ihr Vortrag einen sinnvollen Aufbau hat. Etwas schwer Verständliches zu lesen ist einfacher, als es anzuhören. Sie müssen ferner das Interesse Ihrer Hörer wecken und sie bei der Stange halten. Wohl dosierte körpersprachliche Signale, Pausen beim Sprechen und eine Modulation der Stimme und ihrer Lautstärke können dabei helfen.

Wer eine Rede hält, sollte sich bewusst machen, dass seine Zuhörer gleichzeitig auch Zuschauer sind.

Eine Rede, die sich gut liest, ist eine schlechte Rede. Eine gute, mitreißende Rede lebt von Gestik, Mimik, Interpretation – und einer Portion Spontanität und Persönlichkeit des Vortragenden.

Der sichere Auftritt

Ihr Auftritt beginnt schon beim Weg zum Podium, den Sie leicht und beschwingt gehen, und endet mit dem sicheren Stand auf der Bühne. Eine offene Haltung zeigt Ihrem Publikum, dass Sie keine Angst haben, gleich zu ihm zu sprechen. Während der Rede setzen Sie Ihre Gesten so ein, dass Sie das Publikum integrieren und zum Zuhören motivieren. Eine starre Haltung, zu wenige oder stereotype Gesten sind dabei ebenso fehl am Platz wie zu viele und übertriebene Signale. Variieren Sie Ihre Gesten und passen Sie sie dem Gesagten an. Das betrifft sowohl die Intensität, als auch das Ausmaß und die Geschwindigkeit der Bewegungen. Denn wenn Sie leise sprechen und dabei wild gestikulieren, wird dies ebenso wenig überzeugend wirken wie laute Argumente mit ruhig hinter dem Rücken verschränkten Händen.

Scheuen Sie sich nicht, den Vortrag daheim vor dem Spiegel einige Male zu üben. Vielleicht finden sich Familienmitglieder, die gleichzeitig Ihre strengsten Richter sein dürften. Je häufiger Sie Gelegenheit haben, vor anderen Menschen zu sprechen, desto leichter wird Ihnen die freie und überzeugende Rede fallen.

Sitzordnungen sinnvoll anordnen

Wenn Sie in einem anderen Unternehmen eine Präsentation veranstalten oder bei einem Festakt eine freie Rede halten sollen, dann werden Sie meist nur bedingt auf die Sitzordnung Einfluss nehmen können. Sollten Sie dazu jedoch Gelegenheit haben oder selbst zu einer Veranstaltung in Ihrem Unternehmen einladen, dann können Sie die Sitzordnung nach folgenden Gesichtspunkten anordnen.

Die Sitzordnung sollte sich stets nach dem Anlass richten; z. B. Diskussion, Festrede, Präsentation mit visuellen Hilfsmitteln etc.

Eine kreisförmige Anordnung der Stühle hat den Vorteil, dass Sie automatisch in die Zuhörerschaft integriert sind. Nicht umsonst gilt diese Anordnung, die für Diskussionsrunden besonders geeignet ist, als die am meisten demokratische und am wenigsten hierarchische. Sie lässt sich aus Platzgründen allerdings nur bei kleineren Gruppen verwirklichen. Zudem würde ein zu großer Abstand zwischen Präsentator und Publikum entstehen. Ein gewichtiger Nachteil der Kreisform ist allerdings, dass Sie visuelle Hilfsmittel schwieriger einsetzen können, da sich zumindest ein Teil des Publikums verrenken oder umsetzen muss.

Für eine größere Zuhörerschaft oder beim Einsatz visueller Hilfsmittel empfiehlt sich die halbkreisförmige Anordnung der Sitze in mehreren Reihen. Damit bleiben Sie immer noch im geometrischen Mittelpunkt und ziehen die Blicke automatisch auf sich. Achten Sie bei dieser Anordnung darauf, dass der Abstand zwischen Ihnen und dem Publikum nicht zu groß wird, da Sie sonst als Fremdkörper außen vor stehen.

Erfolgreiches Auftreten beim Vorstellungsgespräch

Bei einem Vorstellungsgespräch ist die Körpersprache von besonderer Bedeutung: Sie selbst sind die Ware, die Sie anbieten und verkaufen wollen. Kein Personalchef kann in Sie hinein sehen und ist beim ersten Treffen zunächst auf die Eindrücke angewiesen, die Sie optisch ausstrahlen. Natürlich hat er aufgrund der Bewerbungsunterlagen bereits eine Vorauswahl getroffen. Daher sollten Bewerbungsfotos niemals an einem Passbildautomaten gemacht werden, die einem nur in den seltensten Fällen schmeicheln. Der relativ geringe finanzielle Aufwand für professionelle Bilder beim Fotografen ist in jedem Fall lohnenswert.

Beurteilungskriterien

Betrachten Sie die Einladung zum näheren Kennenlernen schon als einen ersten Erfolg. Beim persönlichen Gespräch will der Personalchef herausfinden, ob Sie die richtige Person für die im Unternehmen ausgeschriebene Stelle sind. In aller Regel wird ihn Folgendes interessieren:

- Ihr Selbstwertgefühl: Es sollte weder von auftrumpfender Arroganz noch von zu Verschlossenheit neigender Bescheidenheit geprägt sein.
- Ihre Teamfähigkeit: Sie sollten mit anderen Menschen und Meinungen so umgehen können, dass sachlich gute Ergebnisse erzielt werden und persönlich eine entsprechende Arbeitsatmosphäre herrscht. Hier ist weder der Einzelgänger mit Ellbogenmentalität noch der Gruppenclown gefragt.
- Ihre Vertrauenswürdigkeit: Sie sollten weder zu leutselig und jovial noch zu argwöhnisch und zurückhaltend wirken.
- Ihre Belastbarkeit unter Stress: Sie müssen auch mit provozierenden und kritischen Fragen rechnen. Reagieren Sie nicht beleidigt oder aggressiv, sondern bleiben Sie ruhig und gelassen. Dies ist nur ein Test und nicht gegen Sie persönlich gerichtet.
- Ihre Körpersprache: Ihr Verhalten sollte mit dem, was Sie sagen, übereinstimmen.

Bei einem Bewerbungsgespräch spielt neben der äußeren Erscheinung die eigene Sicherheit eine bedeutende Rolle.

Vor dem Gespräch

Daneben bietet Ihnen das Vorstellungsgespräch die Möglichkeit festzustellen, ob das Unternehmen das gewünschte Arbeitsumfeld bietet. Die Körpersprache des Unternehmens wurde bereits angesprochen. Deshalb sollten Sie sich vorher das Gebäude von außen ansehen und Informationen über Ihren womöglich künftigen Arbeitgeber einholen. Anhaltspunkte über das Selbstbildnis des Unternehmens gewinnen Sie aus der Stellenanzeige und Firmenbroschüren.

Zum eigentlichen Vorstellungstermin sollten Sie pünktlich erscheinen, denn abgehetzt machen Sie keinen guten Eindruck und fühlen sich selbst verunsichert. Ihre Erscheinung sollte in puncto Kleidung, Frisur, Accessoires und Makeup der angestrebten Stellung und dem Selbstbild des Unternehmens entsprechend ausfallen. Das verleiht Ihnen Selbstsicherheit, die Sie dann auf natürliche Weise ausstrahlen. Denn weder overdressed noch zu leger werden Sie sich wohl fühlen. Gehen Sie vor dem Bewerbungsgespräch noch einmal in aller Ruhe Ihre Vorzüge durch, die Sie für die in Aussicht stehende Stelle qualifizieren. So stärken Sie sich selbst den Rücken.

Der erste Auftritt

Ihre Sicherheit ist wichtig für die Begrüßung, denn es gibt niemals eine zweite Chance, einen guten ersten Eindruck zu machen. Weder ein stürmischer und aufdringlicher Auftritt mit einem knochenbrecherischen Handschlag noch ein zögerliches Eintreten mit einem schlaffen Händedruck und ausweichendem Blick ist angebracht. Ein aufrechtes und bestimmtes Auftreten, das beim Handschlag die persönliche Distanz wahrt, und ein angemessener Blickkontakt sind die beste Eröffnung für ein vertrauensvolles Vorstellungsgespräch.

Falls die Sitzordnung nicht schon durch die Büroeinrichtung vorgegeben ist, bauen Sie keine zusätzlichen Hürden zwischen Ihrem Gesprächspartner und sich auf. Die Aktentasche gehört auf die Seite und nicht auf den Schoß! Versuchen Sie Ihren Gesprächspartner durch sein körpersprachliches Verhalten zu analysieren. Antworten Sie auf positive Signale und zeigen Sie sich als offenen Menschen, ohne alle Karten auf den Tisch zu legen. Sollte er Sie im Gespräch provozieren wollen, dann lassen Sie sich nicht zu unkontrollierten Reaktionen verführen und durch negative Signale entmutigen.

5 Richtig mit dem Körper sprechen

Selbstbewusstsein, Stärke und Souveränität kann man sehr einfach durch Körpersprache ausdrücken. Dies hilft uns, sicherer in der Kommunikation mit anderen zu werden und unser eigenes Leben dadurch erfolgreicher zu gestalten.

Ein passendes Übungsprogramm verhilft uns zu einer entspannten und natürlichen Ausstrahlung.

Um wirklich von Grund auf überzeugend zu sein, müssen wir unserem Körper Raum geben. Ob wir eher zum wilden Gestikulieren während des Redens neigen oder unbewegt und unbeweglich wirken, hängt mit unserem Temperament und mit der Veranlagung zum mimischen Ausdruck zusammen. Auf das Tempo und die Vielfältigkeit unserer körpersprachlichen Ausdrucksmöglichkeiten haben wir also kaum Einfluss. Üben können wir jedoch die Wahrnehmung unserer einzelnen Körperfunktionen und der körperlichen Beweglichkeit.

Körper und Geist entspannen

Um die Körpersprache zur Wirkung zu bringen, bedarf es eines Übungsprogramms, das unsere geistige und seelische Kompetenz ebenso fördert wie unsere körperlichen Fähigkeiten. Yogastellungen und Atemübungen helfen uns dabei, die Sprache unseres Körpers besser zum Ausdruck zu bringen. Die Übungen wirken entspannend auf Geist und Seele, erweitern den inneren Horizont und machen unseren Körper mit der Zeit geschmeidiger.

Im Zustand der Ruhe sind alle unsere Muskeln entspannt, die Blutgefäße erweitert, Herz und Kreislauf arbeiten langsamer. Ist der Körper entspannt, lässt auch die Seele los. Auf diesem Prinzip beruhen die Entspannungsübungen, die Körper und Geist von innen heraus stabilisieren und stärken. Langfristig kann es uns mit ihnen gelingen, die eigenen Verhaltensschemata zu erweitern und damit neue Strategien für unser Leben zu entwerfen.

Mit den richtigen Übungen ändern wir unsere körperlichen Reaktionen und entwickeln unser Bewusstsein und unsere Persönlichkeit ein ganzes Stück weiter.

Körpersprache lernen

Neben den Übungen, die Sie regelmäßig durchführen sollten, beginnen Sie damit, im Alltag auf Ihren körperlichen Ausdruck zu achten. Studieren Sie in einer x-beliebigen Gesprächssituation mit Freunden einmal Ihre Körperhaltung. Bei fremden Menschen fällt Ihre Selbstbeobachtung schnell ins Gewicht und Ihre Haltung wirkt sofort gekünstelt. Freunden können Sie Ihr Selbststudium hingegen problemlos erklären, ohne Unsicherheiten auszulösen. Halten Sie sich dabei immer vor Augen, warum es so wichtig ist, auf die eigene Haltung zu achten: Die Fehler und Schwächen, die wir an anderen bemerken, erkennen andere ebenso leicht an uns. Deshalb ist eine gute Körperhaltung nicht nur ein Signal an sich, das positiv auf die Umwelt ausstrahlt, sondern trägt auch zur eigenen Sicherheit und zum Wohlbefinden bei. Zudem ist sie die Voraussetzung für den unverkrampften Einsatz von Händen, Armen und Beinen bei der Körpersprache. Wenn Sie sie durch eine unbequeme Stellung blockieren oder durch Nachlässigkeit einengen, so berauben Sie sich vieler Ausdrucksmöglichkeiten.

Atem- und Entspannungsübungen

Wenn man den Körper mit einem Instrument vergleicht, dann ergibt es sich fast von selbst, dass man ihn entsprechend pfleglich behandeln sollte, um beim Spiel mit den Körperteilen ein harmonisches Ganzes herzustellen. Yoga- und Atemübungen geben Ihnen die Möglichkeit, sich in Einheit mit ihrem Körper als einen wichtigen Bestandteil ihrer Kommunikation nach außen zu begreifen. Vorbildhaft sind die heilenden Entspannungsübungen aus dem asiatischen Kulturkreis. Diese seit Jahrtausenden überlieferten Übungen, die ursprünglich als Heilkünste eingesetzt wurden, sind stets ganzheitlich auf Körper, Seele und Geist gerichtet. Sie bieten auch Menschen aus dem westlichen Kulturkreis einen leicht gangbaren Weg zu einem wachsenden Selbstbewusstsein.

Atemübungen

Aus Indien sind einige der wirkungsvollsten Atemübungen überliefert, die Körper und Geist stärken. Im indischen Sanskrit haben die Begriffe Atem und Energie ein und dieselbe Bedeutung: Prana. Mit folgenden Übungen können Sie das richtige Atmen über Bauch und Zwerchfell sehr leicht wieder erlernen.

Prana Yama

Dies ist eine einfache Atemübung aus dem Hatha-Yoga. Sie fördert die innere Ruhe und ist daher auch gut zur Einstimmung auf eine Meditation geeignet. Prana Yama können Sie problemlos mehrmals über den Tag durchführen oder als Soforthilfe einsetzen.

- Setzen sie sich bequem auf einen Stuhl, und atmen Sie mehrmals hintereinander ruhig ein und aus. Kopf, Schultern und Hüften sollten dabei eine gerade Linie bilden. Legen Sie nun Ihre linke Hand vor den Bauch.
- Verschließen Sie dann mit dem rechten Daumen das rechte Nasenloch, und atmen Sie langsam durch das linke Nasenloch ein. Wenn Sie eingeatmet haben, verschließen Sie das linke mit Ihrem Ringfinger, öffnen das rechte Nasenloch wieder und atmen langsam aus.

Die richtige Bauchatmung kann mit einfachen Übungen erlernt und trainiert werden.

- Atmen Sie durch das rechte Nasenloch ein. Wenn Sie eingeatmet haben, verschließen Sie mit dem Daumen das rechte Nasenloch, öffnen das linke und atmen dadurch aus.
- Diesen Zyklus – links einatmen, rechts ausatmen und rechts einatmen, links ausatmen – wiederholen Sie insgesamt viermal.

Übung im Liegen

Mit dieser Übung kann die Bauchatmung trainiert werden. Diese Art der Atmung versorgt von der Körpermitte aus alle Organe bis hin zum Gehirn mit Sauerstoff und verleiht damit innere Ruhe und Gelassenheit. Bei der Bauchatmung verlagert sich das Zwerchfell beim Einatmen nach unten und vergrößert den Brustraum. Alle Lungenbläschen füllen sich mit Luft, und der Bauch dehnt sich deutlich sichtbar nach außen. Wenn man ausatmet, geht das Zwerchfell wieder in seine Ausgangsposition zurück.

- Legen Sie sich auf den Rücken, und schieben Sie ein Kissen oder eine Nackenrolle unter den Nacken, damit sich Wirbelsäule und Brustkorb entspannen können; winkeln Sie beide Beine etwas an.
- Ihre Hände legen Sie entspannt und locker in der Nabelgegend auf den Bauch.
- Richten Sie Ihre Konzentration nun auf Zwerchfell und Bauch, und spüren Sie, wie sie sich heben und senken.
- Atmen Sie zuerst kräftig durch die Nase aus, und warten Sie einen Moment mit dem Einatmen, bis der Körper danach verlangt. Atmen Sie dann in einem Zug durch die Nase ein, und gehen Sie gleich ins Ausatmen über.
- Auf diese Weise atmen Sie zwanzigmal ein und aus. Versuchen Sie, diese Übung zwei- bis dreimal täglich durchzuführen. Wenn es Ihnen anfangs beim Üben etwas schwindlig wird, reduzieren Sie die Anzahl der Atemzüge, bis Sie sich an den Rhythmus des Luftholens gewöhnt haben.

Bauchatmung und das richtige Gehen

Wenn Sie den Körperschwerpunkt beim Gehen zwischen den Beinen halten und mit aufrechtem Oberkörper gehen, dann laufen sie fast zwanglos in einem harmonischen Ablauf. Hilfreich ist dabei die richtige Atmung über den Bauch. Zunächst trägt das eine Bein das Körpergewicht, bevor es im fließenden Wechsel auf das andere Bein gelagert wird und so fort. In dieser Haltung kann Sie so leicht nichts aus dem Tritt bringen. Selbst wenn Sie sich mit dem Kopf zur Seite wenden, bleibt der Gang harmonisch, denn es braucht keine ausgleichende und ungelenk wirkende Bewegung. Je sicherer Sie gehen, desto sicherer werden Sie auch auftreten. Eine kleine Übung soll Ihnen helfen, bewusst auf Ihren Gang zu achten:

✖ Stellen Sie sich vor, Sie wären in einer Wüste und holen Wasser von einem Brunnen aus der Oase. Das Wasser tragen Sie in einem Krug, den sie auf ihrem Kopf balancieren. Auf dem Rückweg zu Ihrer Behausung dürfen Sie keinen Tropfen des kostbaren Nasses vergießen.

✖ Dazu tragen Sie vor sich ein Tablett mit Broten, die ebenfalls nicht in den Sand fallen dürfen.

✖ Und jetzt los! Versuchen Sie dabei langsam schneller zu werden. Sie werden sehen, wie sich Ihr Gang unter der bewussten Anstrengung verändert. Statt eines unachtsamen Gehens setzen Sie ihre Füße aufmerksam ein und ihre Bewegung wird stabil und harmonisch.

Für einen sicheren und harmonischen Gang ist die richtige Atmung eine wichtige Voraussetzung.

Yogaatmung

Diese Atemübung durchlüftet gründlich die Lungenflügel, versorgt den Blutkreislauf mit Sauerstoff, reguliert die Herztätigkeit, beruhigt das Nervensystem, den Geist und die Stoffwechselfunktionen.

✖ Sitzen Sie entweder mit aufrechter Wirbelsäule im Schneidersitz, stehen Sie entspannt in leichter Grätsche, oder liegen Sie auf dem Rücken.

✖ Atmen Sie ganz entspannt aus.

✖ Atmen Sie nun konzentriert ein, und achten Sie dabei auf die folgenden körperlichen Vorgänge. Beim Einatmen dehnt sich zuerst Ihr Zwerchfell nach unten. Dann wölbt sich der Bauch leicht nach vorne. Der Brustkorb öffnet sich, und das Brustbein hebt sich leicht. Dabei werden die mittleren und die oberen Lungenlappen mit Luft gefüllt.

✖ Jetzt atmen Sie aus. Die Luft entweicht aus Ihrem Brustraum und Ihren unteren Lungenlappen. Dann sinkt die Bauchwand zurück, die Rippen ziehen sich zusammen, und die Brust senkt sich.

✖ Wiederholen Sie diese Atemübung zwei- bis dreimal am Tag. Nach einiger Zeit haben Sie den Atemrhythmus automatisiert, und er wird Sie nicht nur während Ihren Yogaübungen, sondern auch im Alltag begleiten.

Atempause

Diese Art der Atmung regt den Austausch von Sauerstoff und Kohlendioxid und somit die Blutreinigung an. Das Nervensystem beruhigt sich, der gesamte Organismus erholt sich und gewinnt neue Kräfte.

- Nehmen Sie eine entspannte Sitzhaltung ein, am besten den Schneidersitz bei durchgestreckter Wirbelsäule. Das Kinn zeigt dabei nach vorne.
- Konzentrieren Sie sich auf Ihre Herzfunktionen.
- Atmen Sie durch die Nase ein, und zählen Sie dabei bis acht.
- Machen Sie eine kleine Pause, zählen Sie bis vier, und halten Sie dabei den Atem an.
- Atmen Sie durch die Nase aus, und zählen Sie bis acht.
- Machen Sie eine Pause, und zählen Sie dabei bis vier. Den Rhythmus können Sie mit zunehmender Übung steigern.

Ein gestärktes Körper-Seele-Bewusstsein führt zu selbstbewusstem Verhalten. Die Reaktionsmuster auf bestimmte belastende Situationen werden im Zustand der tiefen Entspannung aufgelöst; das Körpergefühl erfährt eine tief greifende Veränderung.

Yogaübungen

Die heute bekannten und praktizierten Yogatechniken stammen aus der Zeit von 200 v. Chr. bis 400 n. Chr. und haben ihre Wurzeln im Hinduismus. Traditionell dienen sie zur Selbstverwirklichung und Tiefenentspannung. Die einzelnen Stellungen erzielen jeweils eine ganz bestimmte Wirkung im Körper. Sinn des gesamten Zyklus, den man regelmäßig ein- bis zweimal die Woche durchführen sollte, ist es, gegensätzliche Kräfte in Körper, Geist und Seele auszugleichen. Je harmonischer die Gesamtpersönlichkeit eines Menschen und je entspannter er durchs Leben geht, desto sicherer ist auch sein körpersprachlicher Ausdruck.
Führen Sie Ihre Yogaübungen in einem Zimmer durch, in dem Sie sich wohl fühlen. Es sollte gut gelüftet und nicht zu hell sein. Je ruhiger und harmonischer Ihre Umgebung ist, desto besser sind die Voraussetzungen, zur Ruhe zu finden. Tragen Sie bequeme Kleidung, die locker sitzt, atmungsaktiv ist und gleichzeitig warm hält. Um während des Stillsitzens keine kalten Füße zu bekommen, ziehen Sie am besten warme Wollsocken an. Als Unterlage nehmen Sie eine Wolldecke oder einen Teppich. Achten Sie darauf, dass die Übungen ohne Anstrengung und Leistungsdruck erfolgen. Yoga hat nichts mit Sport zu tun. Führen Sie alle Übungen langsam und bewusst durch, und lassen Sie sich nicht entmutigen, wenn eine Stellung nicht sofort klappt. Wenn Sie regelmäßig üben, werden Sie bald beweglicher sein.

Übungen aus dem Hatha-Yoga

Die hierzulande bekannteste und am häufigsten praktizierte Form der Technik ist der Hatha-Yoga, ein System verschiedender Körper-, Atem- und Konzentrationsübungen, die einen Zustand tiefer Entspannung hervorrufen und das Körperbewusstsein schulen. Dieser Technik sind auch die folgenden Übungen entnommen.

Die Totenstellung

Sie dient als Einstimmung, denn sie versetzt Sie in Ruhe und somit in die richtige Geisteshaltung zum Üben. Führen Sie diese Übung zu Beginn und am Ende Ihres Yogaprogramms durch.

- Legen Sie sich auf den Rücken, und achten Sie dabei darauf, dass Sie mit Ihrer gesamten Rückseite den Boden berühren.
- Ihre Beine sind etwa einen halben Meter weit gegrätscht, die Fußspitzen fallen dabei locker nach außen. Ihre Arme ruhen entspannt neben dem Körper mit den Handflächen nach oben.
- Schließen Sie nun Ihre Augen, und atmen Sie ein und aus. Beim Ausatmen entspannen Sie

Die Totenstellung. Besonders zu beachten ist, dass der Rücken ganz flach auf dem Boden aufliegt.

jeden Bereich Ihres Körpers von den Füßen bis hinauf zur Zunge. Fühlen Sie die Wärme und die Schwere, die Ihren Körper durchdringt.

✖ Atmen Sie weiter ruhig und langsam ein und aus.

✖ Bleiben Sie etwa fünf Minuten so liegen, und richten Sie sich dann langsam wieder auf.

Die Bergstellung

✖ Stellen Sie sich aufrecht hin, die Füße parallel nebeneinander. Ihren Kopf halten Sie gerade und blicken nach vorne.

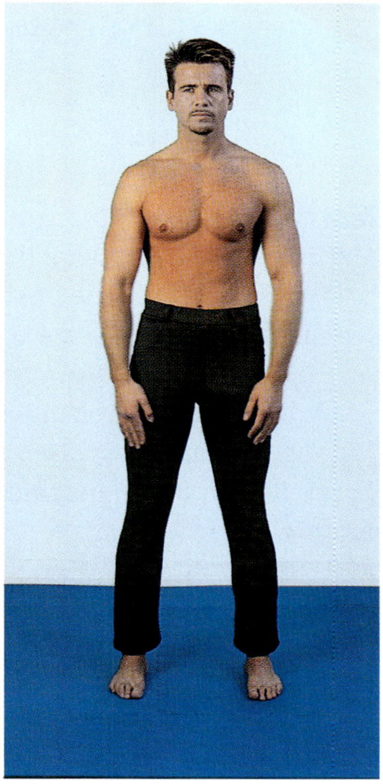

Die Bergstellung entlastet alle Muskeln des Körpers, besonders die Schulter- und Nackenmuskeln sowie die Wirbelsäule. Im seelischen Bereich symbolisiert sie Selbstbewusstsein und Stehvermögen.

✖ Lockern Sie Ihre Schultern, indem Sie sie kurz anheben und dann wieder fallen lassen. Die Arme hängen locker nach unten.

✖ Verteilen Sie Ihr Gewicht gleichmäßig auf beide Füße. Sie sollten aufrecht, fest und entspannt auf dem Boden stehen.

✖ Schließen Sie nun die Augen, und versuchen Sie, wenn Sie ins Schwanken geraten sollten, Ihr Gleichgewicht wiederzugewinnen. Korrigieren Sie Ihre Haltung, indem Sie sich auf Ihre Füße und auf den Boden konzentrieren.

✖ Atmen Sie achtmal ruhig ein und aus, und öffnen Sie dann langsam die Augen. Verweilen Sie noch eine Weile in dieser Haltung, und gehen Sie dann über zur nächsten Übung.

Die Grußstellung

✖ Stellen Sie sich aufrecht hin, die Füße parallel – wie bei der Bergstellung. Halten Sie Ihren Kopf gerade, und blicken Sie nach vorne.

✖ Atmen Sie mehrmals hintereinander entspannt und tief ein und aus.

Dann atmen Sie langsam ein, schließen Ihre Beine und heben gleichzeitig Ihre gestreckten Arme nach oben, bis sich Ihre beiden Handflächen über dem Kopf berühren. Die Fingerspitzen zeigen zur Decke.

Bei der Grußstellung strecken Sie die Arme nach oben, die Schultern bleiben entspannt.

✖ Pressen Sie nun Ihre Handflächen leicht gegeneinander, und heben Sie Ihren Kopf in Richtung Ihrer Hände. Die Schultern hängen entspannt nach unten.

✖ Atmen Sie langsam wieder aus, und drehen Sie dabei die Hände so über dem Kopf, dass sich die Handrücken gegenseitig berühren. Drücken Sie diese kurz aneinander, und senken Sie dann langsam die Arme mit den Handflächen nach unten. Halten Sie Ihren Kopf wieder gerade, und schauen Sie nach vorne, bis Sie sich wieder in der Bergstellung befinden.

Die Vogelstellung

✖ Strecken Sie aus der Bergstellung heraus die Arme in Schulterhöhe nach vorne, und drücken Sie dabei Ihre Handflächen leicht gegeneinander.

✖ Beim Einatmen öffnen Sie die Arme und breiten diese so weit wie möglich nach hinten aus. Zugleich gehen Sie in den Zehenstand. Die Arme halten Sie dabei weiter auf Schulterhöhe.

Bei allen Übungen spielt der Wechsel von Anspannung und Entspannung mit dem Ein- und Ausatmen zusammen.

✖ Beim Ausatmen führen Sie die gestreckten Arme wieder vorne zusammen, legen die Handflächen aneinander und senken die Fersen auf den Boden.

✖ Wiederholen Sie diese Bewegung achtmal hintereinander, und bleiben Sie zum Abschluss in der Bergstellung stehen.

Der Diamantsitz

✖ Knien Sie sich jetzt auf den Boden, und setzen Sie sich auf Ihre Fersen; die Zehen weisen dabei nach hinten. Halten Sie Kopf und Rücken möglichst gerade. Legen Sie die Hände locker auf die nebeneinander stehenden Knie.

✖ Bleiben Sie in dieser Position, und atmen Sie achtmal tief ein und aus.

Jede Position sollte für Sie angenehm sein. Eine verkrampfte Haltung bei den einzelnen Übungen wäre falsch.

- Dann erheben Sie sich langsam, bis Sie aufrecht knien. Bleiben Sie für einige Sekunden in dieser Stellung, und kehren Sie dann wieder in die Ausgangsposition zurück.
- Wiederholen Sie diese Bewegung dreimal.

Die Kaninchenstellung

- Knien Sie sich auf den Boden, und setzen Sie sich auf die Fersen; die Zehen weisen dabei nach hinten. Ihre Hände liegen auf den Hüften, Kopf und Rücken sind gerade, und Sie atmen ruhig und gleichmäßig ein und aus.
- Beim Ausatmen beugen Sie den Oberkörper nach vorne und legen ihn auf Ihre Oberschenkel. Zugleich nehmen Sie die Hände von den Hüften und umfassen mit den Armen die angewinkelten Beine, bis Sie mit Ihren Händen die Füße halten.

Achten Sie darauf, dass Sie bei den Übungen ruhig und gleichmäßig atmen.

- Neigen Sie nun den Kopf nach vorne, und ziehen Sie das Kinn zur Brust. Dann legen Sie den Kopf mit dem Scheitel auf den Boden; die Stirn berührt dabei die Knie.
- In dieser Stellung verweilen Sie acht Atemzüge lang.
- Richten Sie dann den Oberkörper mit dem Einatmen wieder langsam auf. Halten Sie Ihren Kopf dabei gerade. Die Hände legen Sie wieder auf die Knie. Zum Abschluss atmen Sie noch einige Male tief ein und aus.

Atmen Sie bei dieser Übung tief und entspannt. Machen Sie sich jede Bewegung und jeden Atemzug Ihres Körpers bewusst.

Die Kerze

- Legen Sie sich mit gestreckten und geschlossenen Beinen auf den Boden, und legen Sie Ihre Hände neben dem Körper mit den Handflächen nach unten ab.
- Beim Einatmen drücken Sie Ihre gestreckten Beine vom Boden ab und heben diese langsam, bis sie einen 90-Grad-Winkel zum Boden bilden.
- Nun stützen Sie Ihre Hüften mit beiden Händen ab und heben diese vom Boden weg. Ihre Beine neigen Sie dabei schräg nach hinten zu Ihrem Kopf hin.
- Bringen Sie nun Ihre Beine in senkrechte Stellung, stützen Sie sich im Rücken mit den Händen ab, und drücken Sie das Kinn fest an die Brust.
- Verweilen Sie für etwa zehn Sekunden in dieser Position, und atmen Sie ruhig ein und aus.
- Beenden Sie die Übung, indem Sie sich langsam abrollen und Ihre Beine senken.
- Anschließend bleiben Sie noch eine halbe Minute liegen und atmen tief durch.

Erschrecken Sie nicht! Die »Kerze« ist keine Turnübung, sondern eine äußerst entspannende Stellung des Hatha-Yoga.

Die Pflugstellung

✖ Legen Sie sich auf den Rücken, und erheben Sie sich langsam und vorsichtig zum Schulterstand.

✖ Senken Sie dann Ihre gespreizten Beine so weit, bis die Zehen den Boden berühren. Die Arme legen Sie locker neben Ihren Kopf.

✖ Verweilen Sie in dieser Stellung, und zählen Sie dabei bis zehn.

✖ Nun rollen Sie langsam Wirbel für Wirbel wieder in die Ausgangsstellung zurück und ruhen sich eine halbe Minute lang aus.

Die Pflugstellung eignet sich besonders gut für die Entspannung der Wirbelsäule.

Die Kobrastellung

✖ Sie legen sich auf den Bauch, schließen die Beine und führen die gestreckten Arme über dem Kopf zusammen. Die Handflächen legen Sie aneinander.

Wichtig ist für den Körper Streckung und Dehnung.

✖ Ziehen Sie nun Ihren Körper von den Zehen bis zu den Fingerspitzen in die Länge, und legen Sie den Kopf mit der Stirn auf den Boden.

✖ Heben Sie beim Einatmen Ihren Kopf und die Brust an, und blicken Sie mit den Augen nach oben; die Arme sind jetzt durchgestreckt.

✖ Halten Sie diese Stellung drei bis fünf Atemzüge lang.

✖ Dann gehen Sie wieder in die Ausgangsposition zurück und entspannen sich, indem Sie eine Gesichtshälfte auf den Boden legen.

✖ Wiederholen Sie diese Übung dreimal.

Die Heuschreckenstellung

✖ Legen Sie sich auf den Bauch und Ihre Arme neben dem Körper mit den Handflächen nach unten auf den Boden. Das Kinn liegt ebenfalls auf dem Boden auf.

Ist diese Übung zu anstrengend, heben Sie nur ein Bein hoch.

- Nun heben Sie die gestreckten Beine hoch, bleiben zwei bis drei Atemzüge lang in dieser Stellung und legen Ihre Beine dann wieder auf dem Boden ab. Halten Sie dabei jedoch nicht den Atem an.
- Wiederholen Sie diese Übung dreimal.
- Falls Sie diese Übung zu sehr anstrengt, heben Sie immer nur ein Bein – abwechselnd das rechte und das linke – jede Seite zweimal.

Der Drehsitz

- Setzen Sie sich aufrecht auf den Boden, und strecken Sie beide Beine aus.
- Nun winkeln Sie Ihr linkes Bein an, bis der linke Fuß neben dem rechten Knie steht.
- Breiten Sie dann beide Arme aus, und drehen Sie Kopf und Oberkörper so weit wie möglich nach links.
- Legen Sie Ihren rechten Arm an die Außenseite des linken, angewinkelten Knies, und fassen Sie mit der rechten Hand an das rechte Knie.

Für eine gesteigerte und entspannte Beweglichkeit sorgt der Drehsitz.

- Den linken Arm führen Sie um Ihren Rücken herum und berühren mit dem Handrücken der linken Hand die rechte Hüfte.
- Sie verweilen einige Sekunden in dieser Stellung und blicken dabei so weit es geht nach hinten.
- Dann kehren Sie wieder in die Ausgangsposition zurück, atmen tief ein und aus und wiederholen die Übung mit dem anderen Bein.
- Mit der Wiederholung der Totenstellung beenden Sie den Yogazyklus.

Der Sonnengruß

Eine andere Yogaübung, die weit weniger Zeit beansprucht aber bei regelmäßiger Durchführung zu einem sicheren Körpergefühl, mehr Selbstbewusstsein und einer ausgeglichenen Stimmungslage führt, ist der aus Indien stammende Sonnengruß.
Diese leichte Körperübung setzt sich aus insgesamt zwölf Yogastellungen zusammen, die kurz aufeinander folgen und nach einiger Übung so ineinander fließen, als ob sie eine einzige Bewegung wären.

Ein Sonnengrußzyklus dauert etwa zwei Minuten und sollte von einem Durchgang langsam auf sechs Durchgänge gesteigert werden. Die einzelnen Übungen sind so aufeinander abgestimmt, dass Sie sich auf gar keinen Fall dabei überanstrengen können. Wichtig ist, dass Sie bei allen Übungen, die fließend ineinander übergehen, ruhig und entspannt atmen. Wie bei den anderen Yogaübungen atmen Sie über den Bauch ein und aus: Dabei hebt sich Ihre Bauchdecke beim Einatmen, und beim Ausatmen senkt Sie sich. Nur so werden Ihr Körper und Ihr Gehirn gut durchblutet.
Vielleicht hilft Ihnen zur richtigen Atmung auch diese Regel: In dem Moment, in dem Sie die Wirbelsäule strecken oder Ihren Körper aufrichten, atmen Sie ein. Wenn Sie sich dagegen bücken und die Wirbelsäule krümmen, atmen Sie aus.

1. Gehen Sie in die Ausgangsstellung: Sie stehen aufrecht, falten Ihre Hände vor dem Brustbein und lassen die Füße nebeneinander gestellt. Atmen Sie entspannt ein und aus.
2. Machen Sie einen Schritt zur Seite, und beugen Sie sich mit ausgestreckten Armen nach hinten. Die Beine bleiben dabei gestreckt, die Zehen zeigen nach vorne.

3. Beugen Sie sich nun langsam nach vorne, und schließen Sie dabei die Beine. Versuchen Sie, Ihre Handflächen vor sich auf den Boden zu legen – möglichst mit durchgedrückten Knien.
4. Jetzt bewegen Sie sich zum Boden hin. Dazu machen Sie einen weiten Grätschschritt nach hinten. Das rechte Bein ist gestreckt, das linke angewinkelt. Ihre Hände stützen Sie neben dem abgewinkelten Bein parallel zueinander auf den Boden.

5

6

5. Senken Sie das rechte Knie auf den Boden. Nun dehnen Sie Ihre Wirbelsäule, indem Sie Ihre Arme nach oben strecken und Ihre Handflächen aneinander legen. Atmen Sie ruhig ein und aus.

6. Gehen Sie wieder in die vierte Position, und strecken Sie nun beide Beine nach hinten.

7. Senken Sie beide Knie zum Boden. Anschließend setzen Sie sich auf Ihre Fersen, und strecken die Arme nach vorne aus.

7

8

8. Bewegen Sie sich jetzt nach vorne, indem Sie die Ellenbogen beugen und Kinn und Oberkörper dicht über den Boden halten.

9. Strecken Sie die Arme durch, und senken Sie Ihre Hüften nach unten. Dann gehen Sie wieder in die Liegestützstellung wie bei der sechsten Position. Die Liegestützen können Sie von Tag zu Tag steigern.

10. Ziehen Sie Ihre Hüfte nach oben. Dabei lassen Sie Hand- und Fußflächen auf dem Boden. Bleiben Sie für wenige Sekunden in dieser Haltung, und atmen Sie entspannt ein und aus.

9

10

11

11. Nehmen Sie wieder die fünfte Position ein. Allerdings strecken Sie jetzt das linke Bein aus und winkeln das rechte an.

12. Strecken Sie sich jetzt nach oben aus wie in der zweiten Übung, und recken Sie Arme und Oberkörper weit nach hinten.

13. Beenden Sie den Sonnengruß, wie Sie ihn begonnen haben, mit der Anfangsposition in aufrechter Stellung und mit vor dem Brustbein gekreuzten Händen.

12

Bleiben Sie noch einige Atemzüge lang in dieser Stellung stehen, und beginnen Sie dann, wenn Sie möchten, den zweiten Zyklus.

Nachdem Sie den Sonnengruß genügend oft wiederholt haben, legen Sie sich hin, strecken die Wirbelsäule und lassen den Körper vollständig entspannen. Schließen Sie die Augen, und ruhen Sie ein bis zwei Minuten lang, wobei der Atem frei und leicht fließen sollte.

13

Autogenes Training

Eine andere in Westeuropa entwickelte Entspannungstechnik ist das autogene Training. Der Psychologe J. H. Schultz »erfand« diese Art der Selbsthypnose im Zuge seiner Forschungsarbeiten über Stress und seine Folgen. Er stellte fest, dass Menschen, die einer lang andauernden beruflichen oder privaten Überlastung oder Überforderung ausgesetzt sind, häufig mit körperlich-seelischen Beschwerdesymptomen reagieren. Dazu gehören beispielsweise das Gefühl, nicht mehr richtig durchatmen zu können, Nervosität, Schlafstörungen, Spannungskopfschmerzen und ein erhöhter Blutdruck. Da Stressbeschwerden im eigentlichen Sinne keine Krankheiten sind, werden sie häufig als lästige Alltagssymptome betrachtet, die unseren Wirkungskreis jedoch ganz erheblich einschränken. Nicht zuletzt leiden unsere Ausstrahlung und unser Selbstbewusstsein durch die Erschöpfung des Körpers sowie die Stressfolgen durch die ständige Anspannung ganz erheblich.

Stressauswirkungen

Ein gestresster Mensch wirkt angespannt und zappelig, hält sich nicht gut auf den Beinen, der Blick flackert, die Zuhör- und Reaktionsbereitschaft ist eingeschränkt.
Dies liegt daran, dass der Mensch auf Stress mit einem uralten stammesgeschichtlich erworbenen Mechanismus antwortet: der Bereitschaft zur Flucht. Da wir jedoch denkende Wesen sind, die gelernt haben, sich zu disziplinieren und zu beherrschen, fliehen wir nicht aus der Situation, die uns beengt, bedrängt oder bedrückt, sondern stehen sie in der Regel durch – unter Umständen mit schwerwiegenden Folgen für unsere körperlich-seelische Gesundheit, aber auch für den Weiterbestand unserer Beziehungen zu anderen Menschen und unsere berufliche Karriere. Ein Mensch, der gestresst ist, isoliert sich von außen. Er versucht sich vor dem, was ihn von außen bedrängt, zu schützen und schließt sich aus diesen Grunde häufig aus. Er wird unleidig, unsicher, greift in seiner Not vielleicht zu Beruhigungsmitteln oder den Alltagsdrogen Alkohol und Nikotin. Da diese den Körper zusätzlich schwächen, muss der Betroffene irgendwann mit schwerwiegenderen organischen Problemen rechnen.

Stress, Angst und Fluchtbereitschaft

Ein Mensch unter Stress reagiert, als ob er Angstgefühlen ausgesetzt ist und mit letzter Kraft um seine bloße Existenz kämpft. Denn nichts anderes bedeutet das Angsterleben. Das Nervensystem signalisiert dem Körper die Ausschüttung des Stresshormons Adrenalin. Dieses wiederum setzt den Organismus in Fluchtbereitschaft: Das Herz schlägt schneller, Blutdruck und Puls steigen an, man atmet flacher und schneller, der Mund wird trocken, während man gleichzeitig ins Schwitzen gerät, ein Gefühl der Übelkeit stellt sich ein, das sich zu erhöhtem Harndrang, Erbrechen oder Durchfall steigern kann. Während der ganzen Zeit sind überdies unsere Muskeln angespannt und in erhöhter Alarmbereitschaft.

Bewusste Entspannung lernen

Wenn man sich dieses körperliche Szenario vor Augen führt, ist leicht nachvollziehbar, warum man dies nicht zu einem Dauerzustand werden lassen sollte. Die Folgen für die Gesundheit in Form von Stoffwechselstörungen, Herzbeschwerden oder chronischen Leiden sowie für die eigene Persönlichkeit in Form von Angstneurosen oder Depressionen sind zu gravierend. Neben Atemübungen und Yoga ist das autogene Training eine sehr wirkungsvolle Methode, um zu entspannen. Durch stufenweise erlernbare autosuggestive Übungen erreicht man eine positive Beeinflussung der angespannten Muskeln. Auch der Puls, die Durchblutung der Haut, die Atmung werden reguliert und auf ein Normalmaß gebracht. Im nächsten Schritt eröffnet autogenes Training die Möglichkeit der Selbstanalyse und Selbstfindung sowie eine tief wirkende Beeinflussung der eigenen Persönlichkeitsstruktur. Blockaden können aufgelöst, Verhaltensmuster kreativ durchdacht und Unsicherheiten beseitigt werden.

So trainieren Sie richtig

Typisch für das autogene Training ist das Wärme- und Schweregefühl, das die einzelnen Körperteile durchströmt sowie eine Beruhigung der Gedanken. Man trainiert stets mit Autosuggestionsformeln. Diese Formeln spricht man nicht laut aus, man konzentriert sich stattdessen ganz stark auf sie. Nach und nach bringt man so das gesamte Nervensystem und den Körper vom Kopf bis zu den Füßen zu Ruhe und Entspannung. Wenn Sie sich für autogenes Training als Entspannungsmethode entscheiden, nehmen Sie sich in den ersten drei Wochen alle zwei Tage eine dreiviertel Stunde Zeit dafür. Wenn sich Ihr Körper und Ihr Geist an das Gefühl der Entspannung und der Losgelassenheit, das sich während dieser Übung einstellt, gewöhnt haben, können Sie Ihr Training je nach Bedarf durchführen.

✖ Lassen Sie sich während des Übens nicht stören, und tragen Sie bequeme Kleidung.

✖ Breiten Sie eine Wolldecke oder eine Matte auf dem Boden aus, und legen Sie sich auf den Rücken. Die Beine können leicht auseinanderfallen mit nach außen zeigenden Fußspitzen, sodass sie gut auf dem Boden aufliegen. Auch die Arme liegen locker neben dem Körper.

✖ Schließen Sie jetzt die Augen, und atmen Sie tief durch den Mund ein und durch die Nase aus. Achten Sie darauf, dass sich beim Einatmen Ihre Bauchdecke hebt und beim Ausatmen wieder senkt. Atmen Sie solange, bis Sie das Gefühl haben, entspannt zu sein.

✖ Sagen Sie sich in Gedanken folgende Affirmation: »Ich bin ganz ruhig, der rechte Arm wird schwer, der rechte Arm strömt warm, es atmet, das Herz schlägt ganz ruhig und regelmäßig, das Sonnengeflecht strömt warm, die Stirne kühl, der Nacken strömt warm.«

✖ Atmen Sie dabei ruhig ein und aus, und konzentrieren Sie sich nur auf diese Sätze, bis Sie das Gefühl haben, dass die Körperpartie, die Sie gerade besprechen, schwer und von Wärme durchströmt wird.

✖ Wenn Sie das autogene Training beenden möchten, konzentrieren Sie sich auf folgende Formel: »Das Sonnengeflecht bleibt warm, das Herz schlägt ganz ruhig, es atmet, der rechte Arm wird wieder kühl, der rechte Arm wird wieder leicht, ich bin ganz ruhig, Arme fest – tief einatmen – Augen auf – räkeln und strecken.«

✖ Sie öffnen die Augen, räkeln sich auf Ihrer Unterlage, strecken die Gliedmaßen aus, kommen zum Sitzen und stehen langsam auf. Sie werden das Gefühl haben, dass Ihr Körper angenehm durchflutet ist und Sie entspannt sind. Sie spüren neue Kraft in sich, Ihre Sinne sind geschärft, Sie sind leistungsfähig und offen für sich und Ihre Umwelt.

✖ Wenn Sie das Training im Sitzen durchführen wollen, nehmen Sie einen Hocker oder einen Stuhl und setzen Sie sich bequem. Die Hände legen Sie locker auf die Innenseiten Ihrer Oberschenkel. Die Beine sind leicht gespreizt, Ihre Füße stehen etwa einen halben Meter voneinander entfernt. Die Wirbelsäule ist aufrecht, der Blick nach vorn gerichtet, sodass das Kinn nicht auf den Brustkorb fällt. Die Unterarme legen Sie leicht auf die Oberschenkel, jedoch ohne dass sich die Hände im Schoß berühren. Ihr Unterkiefer ist ganz locker; Sie können den Mund leicht öffnen. Beginnen Sie dann mit dem autogenen Training wie oben beschrieben.

✖ Die entspannende Wirkung des autogenen Trainings stellt sich selten beim ersten Anlauf ein. Beim zweiten oder dritten Mal wird die Wirkung jedoch wie ein Reflex zu Stande kommen.

✖ Wenn Sie sich weiter mit autogenem Training auseinandersetzen wollen, empfiehlt sich ein Kurs bei einem erfahrenen Therapeuten. Erkundigen Sie sich bei Ihrer Volkshochschule oder dem Gesundheitsamt nach entsprechenden Veranstaltungen.

Die Autorin

Anna Rosenberg studierte Kommunikationswissenschaften, Psychologie und Hebräisch in München, Ravensburg und Jerusalem. Als wissenschaftliche Mitarbeiterin an der L.-M.-Universität in München arbeitete sie an mehreren Veröffentlichungen im Untersuchungsbereich Betriebspsychologie mit. In jüngerer Zeit beschäftigte sie sich verstärkt mit der interdisziplinären Verknüpfung der Bereiche Verhaltensforschung und Psychologie.

Bildnachweis

Alle Aufnahmen, mit Ausnahme der nachstehend aufgeführten, stammen von: Studio A.D. Arnold E.A. Debus, München, © Weltbild Verlag GmbH, Augsburg 1998

Bilderberg, Hamburg: 9 (Stefan Enders), 15 (Wolfgang Kunz), 16 (Archiv France), 60 (Aurora); Andrea Gebler-Ruf, Augsburg: 6, 95, 96; Jens Kron, Augsburg: 57, 142 - 155 (Model für den Yoga-Teil war Norman Mayr, ehemaliger Dritter der Weltrangliste im Kickboxen); Sven Lockstedt, Augsburg: 93; ZEFA Zentrale Farbbild Agentur GmbH, Frankfurt: 82 (Keller)

Literatur

Axter, Roger E.: Reden mit Händen und Füßen. Körpersprache in aller Welt. Knaur Verlag. München 1994

Conen, Horst: Die Kunst mit Menschen umzugehen. Bechtermünz Verlag. Augsburg 1996

Eibl-Eibelsfeldt: Der vorprogrammierte Mensch. Fischer Verlag. Heidelberg o.J.

Fast, Julius: Körpersprache. Rowohlt Verlag. Reinbek bei Hamburg 1979

Morris, Desmond: Bodytalk. Körpersprache, Gesten und Gebärden. Heyne Verlag. München 1995

Samy Molcho: Körpersprache. Mosaik Verlag. München 1989

Samy Molcho: Körpersprache der Kinder. Mosaik Verlag. München 1992

Haftungsausschluss

Die Inhalte dieses Buches sind sorgfältig recherchiert und erarbeitet worden. Dennoch können weder die Autorin noch der Verlag für alle Angaben im Buch eine Haftung übernehmen.

Impressum

Weltbild Buchverlag

Redaktion: Michaela Mohr, Michael Kraft
Bildredaktion: Miriam Zöller
Umschlag: Beatrice Schmucker
Layout, grafische Gestaltung und DTP/Satz: Dirk Risch, München · Berlin
Reproduktion: Repro Ludwig, Zell am See
Druck und Bindung: Offizin Andersen Nexö, Graphischer Großbetrieb, Leipzig

Gedruckt auf chlorfrei gebleichtem Papier

Printed in Germany

ISBN 3-89604-601-2

Register

Abneigung 74
Abwehrverhalten 31, 37, 61, 73f.
Achselzucken 63
Adrenalin 156
Affektiertheit 29
Aggression 40, 70, 73ff., 106ff.
Alltagsgesicht 113
Androgynität 78
Angriffsverhalten 72, 74
Angst 13, 22, 47, 53, 72, 102, 106, 134, 156
Annäherungsversuch 52
Anspannung 20f.
Antisignale 85
Antipathie 92
Apgarttest 94f.
Ärger 120
Armbewegungen 20, 29, 39, 65
Arroganz 47, 140
Atemrhythmus 145
Atemübungen 11, 33, 142ff., 156
Aufregung 21
Auftritt 91, 139, 141
Augenausdruck 49
Augenbrauen 45f., 53, 84, 87
Augengruß 45f.
Augenrollen 74
Ausdrucksspektrum 20, 26
Autogenes Training 93, 156f.
Autorität 76, 133
Autosuggestionsformeln 157

Balance 24
Bärenumarmung 123
Begrüßung 35, 76, 116f., 122f., 141
Beinbewegung 20
Beinhaltung 31f.
Beleidigung 122, 124
Bergstellung 147f.
Berührung 12, 22, 55f., 82, 87, 96, 101, 122,124f.
Bewerbungsgespräch 125, 141
(s. auch Vorstellungsgespräch)

Diamantsitz 148
Distanz 40, 66, 76, 82, 98, 126f., 133
- intime 37, 67, 87, 124
- öffentliche 67
- persönliche 67
- soziale 67
Dominanzverhalten 68
Drehsitz 151
Drohgebärde 70, 73
Drohstarren 73

Ellenbogentaktik 136
Embleme 63
Emotionen 15, 52, 113, 120
Entspannungsübungen 33, 93, 142f.
Erlebnisgesicht 43
Ermüdung 14
Erotik 74

Faust 39f., 71f.
Fehleinschätzungen 65
Finger 35, 37, 39ff., 55, 58f., 124
Flirt 46, 49, 83, 87f.
Fluchtreaktion 13
Freude 93, 118, 120, 122
Frustration 10, 116, 137
Führungsstil 125, 128, 131
- autoritärer 126
- demokratischer 126f.
- Laisser-faire 126, 128
- partizipativer 126f.
Fußgelenke 22

Gangart 15ff., 26f., 28f.
Gebärdensprache 8ff.
Gehtempo 26f.
Gesamteindruck 131
Gesichtsausdruck 42, 48, 53, 62f., 82, 100, 114, 121
Gesichtsfalten 14
Gesichtspartie 43, 45, 53
Gesten
- Beeindruckungs- und Drohgeste 37
- Beschwichtigungsgeste 37
- Betonungsgeste 37
- Bittgeste 37, 39
- Demonstrativgeste 39
- Dominanzgeste 59, 60, 69, 136
- Drohgeste 39
- Übergangsgeste 120
- Zeigegeste 39
Gewinnergesicht 53
Grimasse 58, 114
Gruppenzugehörigkeit 62, 110
Grußstellung 147

Hab-acht-Stellung 73
Handbewegungen 37, 39
Händedruck 40, 122
Hatha-Yoga 144, 146, 149
Heuschreckenstellung 150
Hochmutsgebärde 74
Homosexualität 125
Hüftbewegung 27, 29
Hysterie 115

Image 133
Imitation 92
(siehe auch Nachahmung)
Imponiergehabe 22, 70ff., 81
Interview 9

Kampfreaktion 13
Kampfverhalten 77
Kaninchenstellung 149
Kerze 149
Kinderaugen 102
Kleidung 126, 128ff.
Kobrastellung 150
Kommunikationssignale 69
Konflikt 106f.
Konfrontation 11, 69, 73, 106
Konventionen 92, 110f., 113
Kopfhaltung 15, 43, 100, 106, 136
Körperpflegeverhalten 63, 84
Körperrhythmus 86f.
Körper-Seele-Bewußtsein 146
Kulturkreis 12, 37, 55, 58, 116f., 143

Lüge 35

Machtsphäre 20
Meditation 144
Mienenspiel 53
Minderwertigkeitskomplexe 82
Mundwinkel 14, 47, 53, 71
Mutter-Kind-Signale 54

Nachahmung 102
(siehe auch Imitation)
Naserümpfen 47
Naturgesicht 43
Nervensystem, vegetatives 13, 94
Nervosität 21, 29, 40, 58, 134, 156
Neugier 101f., 104
Nicken 118, 132

Pantomime 35, 120
Parasympathikus 13
Persönlichkeitsprofil 10
Pflugstellung 150
Prana Yama 144
Präsentationstaktiken 84

Reflexe 61, 94, 157
Revierverhalten 21, 59
(siehe auch Territorialverhalten)
Rollenstudium 16
Rückzugsverhalten 88

Schadenfreude 40
Schauspieler 10f., 16
Schrittgröße 26
Schüchternheit 20, 52, 122
Schuldgefühle 35
Schulterhaltung 35
Schulterzucken 36
Schulung 10
Schutzfunktion 23
Selbstkontrolle 16
Selbstsicherheit 21, 33, 44, 52, 128, 134f., 141
Sexualität 41, 81, 83, 89, 112, 130
Sinnesorgane 13, 64
Sitzhaltung 30ff.
Skepsis 44
Sonnengruß 151, 155
Souveränität 11, 21, 112, 142
Spielgesicht 62, 101
Standbein 24
Statussymbole 112f., 126ff.
Stehvermögen 22, 24, 97, 147
Stiernacken 57
Stimmungslage 95, 137
Stirnfalten 45f., 72
Streit 103
Stress 21, 48, 66, 93f., 98, 113, 140, 156
Suggestion 14
Sympathikus 13
Sympathie 92, 100, 108

Taubstumme 35
Temperament 16
Territorialverhalten 59f., 66ff. 70
(siehe Revierverhalten)
Totenstellung 146f., 151
Trachtgesicht 43
Trauer 53, 93, 120
Trippelschritte 27f.
Trotzreaktion 105

Unentschlossenheit 24
Unterwerfung 28, 41, 73f., 106, 112

Veranlagung 11, 13
Verbeugung 123
Verlierergesicht 53
Verstellung 35
Verteidigungsstellung 25, 77, 86
Vogelstellung 148
Vorstellungsgespräch 140f.
(siehe auch Bewerbungsgespräch)

Werbeverhalten 59, 62, 66, 78, 79, 81ff., 127
Winken 122ff.,
Wohlbefinden 30
Wut 47, 53, 71f., 115, 118, 120, 137

Yogaübungen 11, 93, 142f., 145f., 151

Zuneigung 51